人际交往心理学

别让不懂人情世故害了你

沐 阳 韩沅辰◎著

中央编译出版社
CCTP Central Compilation & Translation Press

图书在版编目（CIP）数据

人际交往心理学 / 沐阳，韩沅辰著 . -- 北京：中央编译出版社，2017.6
ISBN 978-7-5117-3379-5

Ⅰ . ①人… Ⅱ . ①沐… ②韩… Ⅲ . ①人际关系—社会心理学—通俗读物 Ⅳ . ① C912.11-49

中国版本图书馆 CIP 数据核字 (2017) 第 206500 号

人际交往心理学

出 版 人：葛海彦
出版统筹：贾宇琰
责任编辑：曲建文
执行编辑：程　彤
责任印制：刘　慧
出版发行：中央编译出版社
地　　址：北京西城区车公庄大街乙 5 号鸿儒大厦 B 座（100044）
电　　话：(010) 52612345（总编室）(010) 52612349（编辑室）
(010) 52612316（发行部）(010) 52612346（馆配部）
传　　真：(010) 66515838
网　　址：www.cctphome.com
经　　销：全国新华书店
印　　刷：北京楠萍印刷有限公司
开　　本：710 毫米 ×1000 毫米　1/16
印　　张：16
版　　次：2018 年 1 月第 1 版
版　　次：2018 年 8 月第 2 次印刷
定　　价：38.00 元

网　　址：www.cctphome.com　　**邮　　箱**：cctp@cctphome.com
新浪微博：中央编译出版社　　**微　　信**：中央编译出版社（ID：cctphome)
淘宝店铺：中央编出版社直销店（http://shop108367160.taobao.com)(010)55626985

本社常年法律顾问：北京吴栾赵阎律师事务所律师　闫军　梁勤

李嘉诚：

当你放下面子赚钱的时候，说明你已经懂事了。当你用钱赚回面子的时候，说明你已经成功了。当你用面子可以赚钱的时候，说明你已经是人物了。当你还停留在那里喝酒、吹牛，啥也不懂还装懂，只爱所谓的面子的时候，说明你这辈子也就这样了。

李鸿章：

能受苦乃为志士，肯吃亏不是痴人。

张作霖：

江湖是什么？江湖就是人情世故！

胡雪岩：

想要干大事，就必须懂得跟别人分享，而不是一味地往自己怀里捞。

曾国藩：

凡事留余地，雅量能容人。

老子：

知人者智，自知者明。

张居正：

人情物理不悉，便是学问不透。

杜月笙：

人生要吃好“三碗面”：体面、场面、情面。

庄子：

大知闲闲，小知间间；大言炎炎，小言詹詹。

孔子：

君子以行言，小人以舌言。

郑板桥：

聪明难，糊涂难，由聪明而入糊涂更难。

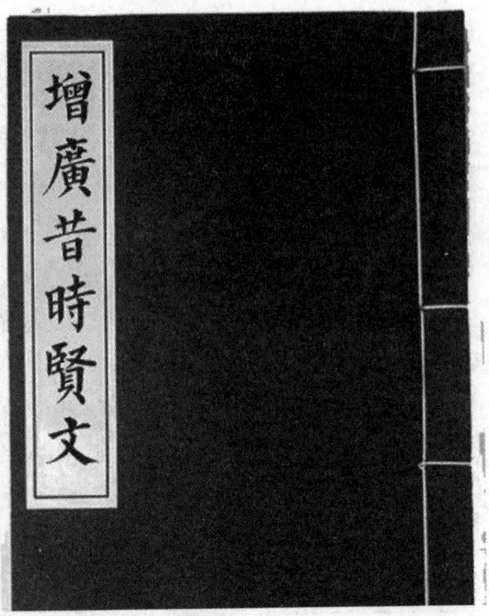

增广贤文：

枪打出头鸟，刀砍地头蛇。

前言

要想取得成功，必须先学会处理人际关系，必须处理好人际关系。当今社会发展的速度越来越快，人际交往越来越频繁，如果处理不好人际关系，我们就可能遇到很多麻烦。很多有志之士都为实现心中的梦想付出了辛勤的汗水，然而在付出与收获的天平上，却总是难以平衡，往往付出很多，收获却很少。这个问题不能不引起我们的深思。

人生在世，为什么有的人成功，有的人失败，有的人辉煌一生，有的人却碌碌无为？一个人成功的关键因素在于他是否懂得做人做事。做人做事是一门艺术，也是一种策略。纵观古今中外，成功者无不深谙"做好人、做对事"的真谛，从而达到无往不胜的高超境界。不会做人，做事常常会南辕北辙；不会做事，做人则无从谈起。只有在做人中才能体会到做事的意义，只有在做事中才能体会出做人的道理。

"理想很丰满，现实很骨感"是人们常说的一句话，形容人都有远大的理想，而现实却往往很无奈。那些刚走出校门不久、初踏社会的年轻人对这句话深有体会，因为他们昔日远大的抱负和理想在巨大的社会竞争、工作和生活压力下，变得越来越虚无缥缈。

或许很多人有时会觉得自己很委屈，但事实上，每代人都有挣扎和奋斗，正如祖辈们需要拿枪抵御外敌，需要在战场上抛头颅、洒热血；父辈们不得不经历物资匮乏、生产落后的时代。抱怨、自怜、愤怒都毫无意义，唯有找到处世良方，勇敢地面对，才有可能改变命运。

孔子曰："三十而立。"二十几岁，是一个人真正开始经营人生的时候，但如果此时没有把握好自己的人生，整天浑浑噩噩，那么也许到了三十几岁时只能后悔莫及。

刚刚走出校门的人大都无畏无惧，敢想敢拼，这既是优点，又是缺点。如今，许多初入社会的年轻人仅仅掌握了一点儿知识或技能，就骄傲自满；仅仅取得了一点儿成绩，就得意忘形。其实，一个人即使拥有多方面的才能，他在某些方面可能仍有缺陷；即使拥有多方面的专业知识，他对某些专业知识可能仍一无所知……可见，一个人的能力再卓越，学问再高深，经验再丰富，他也难以掌握所有知识和技能，难以掌控所有事态和情形。而对于刚刚走入社会的人来说，只凭在学校所学的知识和技能，很难在当今这个复杂多变的社会中生存、发展。因此，若想在竞争激烈的社会立足，就要学会如何去做人，如何去做事，进而才能适应变幻莫测的社会，不被残酷的社会竞争所淘汰。懂得做人的人，才能赚得人气，建立良好的人际关系，为做事的成功积蓄更加雄厚的资本。方乃做人之本，圆是处世之道。如果说祖辈们打天下时凭借的是枪，讲的是忠诚，靠的是勇气，那么和平年代的人闯社会时，除了需要专业知识以外，还需要谋略以及处世的技巧。

处世其实很简单，即学会做人、懂得做事。赢家永远把会做人做事放在第一位。会做人的人，才能胸有成竹，气定神闲，谈笑间办成自己想办的事情。会做事的人往往目光敏锐，方法有效，态度积极，因此他们能够运用自己的聪明才智和各种资源扭转人生困局，使自己最终赢得人生的胜利。而且，做人做事做到位了，机会自然随之而来，事业自然也能成功在望。

本书没有枯燥的专业术语，是一本通俗易懂、操作性极强的“心理励志读物”。本书根据人际关系的内在结构，从心理学的视角，以具体、细腻、灵动、隽永的笔触，详尽地阐述人际认知、人际印象、人际魅力、人际冲突、人际沟通、人际交往等原理与技能，并以形象生动而又不失现实意义的故事加以说明，在做到实用性的同时又不失趣味性，是一本真正意义上的适合普通大众的人际关系学通俗读物。真诚地希望本书能帮助您解决很多人际交往中遇到的难题和麻烦。

目　录

第 1 章 · 告别自命不凡，我们都是俗人

一朵花要想常开不败，一棵树要想枝叶茂盛，都必须经过风雨的洗礼。我们也一样，身上的天真、稚嫩、单纯，终会被社会的现实历练成灵活多变、圆融通达。

第 2 章 · 社会是很残酷的，要学会去适应它

社会就像“江湖”，江湖之路充满是是非非。要想立足，就必须摘下单纯的面具，学会去适应它，正视那些悲欢离合、世态炎凉，只有这样，你才能真正游刃有余、春风得意。

第 3 章 • 多点儿处世智慧，就不会处处碰壁

人生处处充满坎坷，只有多点儿心机，才不会步入死胡同，没有退路，找不到出口。相反，往往会发现柳暗花明、四处通达，不仅有路可走，还有更好的路选择。

第 4 章 • 不怕被人利用，就怕你没利用价值

其实，被人利用，说明你有利用价值，说明你“身价不菲”。千万不要因为自己被利用了就愤愤然，等到真有那么一天，别人对你不闻不问，那么你就真的失去自身的价值了。

第 5 章 • 一个人是否成功，与认识谁有关系

一个人的成功约有 85% 取决于人脉建构与经营的状况。每个人都生活在盘根错节的人脉网络中，要想生活充满乐趣、事业一帆风顺，谁也离不开他人的帮助与扶持，因此，我们要不断拓展自己的人脉。

第 6 章 • 修炼个人魅力，瞬间 hold 住全场

要想 hold 住全场，受到大家的欢迎，就应该为自己树立起优秀的形象、修养、气质、品格……它们直接影响到你在其他人眼中的印象。只有具备了这些，你才具有影响力，才能增加自己成功的机会。

第 7 章 • 宁可不识字，也不可不会识人读心

与人交往时，首先要观察对方，然后再决定如何迎合和适应他。无论是与严肃的人还是与随和的人相处，都要做到胸有成竹，这样才能在人际交往中获得更多的帮助。

第 8 章 • 所有人情世故，有一半是在说话里

说话，是人们最重要、最常用的交际手段。一个拥有良好人际关系的人，必有精湛的说话艺术。纵观古今中外，凡是成就大业者，大多是会说话的杰出典范。所以，只有学会说话，才能拥有一个良好的人际关系。

第 9 章 • 熟谙职场规则，让“职商”一路飙升

身在职场，规则不可不学。职场比的不是谁更厉害，而是谁能生存下去，谁能活得更久。只有将职场潜规则熟记于心，才能踏上从职场“穷忙族”到职场高手的康庄大道。

第10章 • 人性其实很复杂，交友切忌太单纯

生活中，有时难免会遇到小人，他们表面上照顾你，关心你，背地里却暗藏心机。如果你被表象所蒙蔽，那么最终受伤的就是你自己。所以，每个闯荡社会的年轻人，都应该给自己留个心眼儿，切忌太单纯。

第11章 • 别相信“零和博弈”，双赢才是硬道理

社会这个“江湖”变幻莫测，要想单独一个人获胜，概率可以说是微乎其微。我们必须告别单枪匹马的时代，走出小我，寻求互利双赢，那么你的力量才会变大，成功的距离也会越来越近。

第12章 • 戴上“傻人”面具，大愚者最容易生存

看透而不说透，知根却不亮底。退可独善其身，进可兼济天下。大智若愚的人，大智在内，若愚在外，将才华隐藏得很深，往往给人留下普普通通的印象，实际上，他们用的是心功。

第1章

告别自命不凡，我们都是俗人

一朵花要想常开不败，一棵树要想枝叶茂盛，都必须经过风雨的洗礼。我们也一样，身上的天真、稚嫩、单纯，终会被社会的现实历练成灵活多变、圆融通达。

世态有时候就是很炎凉

刚刚走出校门的你可能时常感叹社会的变幻莫测，抱怨现实的冷酷无情，可是你要清楚，这就是社会，它既存在光明，也存在黑暗。

中国有很强的“文凭社会”文化。在人们的传统意识里，文凭就是一个人职业、阶层、社会地位的重要标志，任何人都可以通过拿到高文凭来改变自己的未来。当然，这种改变不仅仅是指经济收入上的提高，还包括身份认同、职业准入、政策权利以及社会声望等多方面内容。

时至今日，“文凭社会”的文化传统对当下人的影响丝毫没有减弱。他们普遍认为，大学毕业后拿到较高的文凭，就可以进入以脑力劳动为主的职业阶层，就可以获得较高的社会地位。然而，当天之骄子们拿着自认为沉甸甸的文凭时，却被“世态炎凉”四个字打败了，文凭似乎也变得一文不值。

“我曾经对一切满怀希望……但是现在却如此绝望，如此愤怒，如此无力。”这段话出自一名自称武汉大学毕业生的网络日志。短短几天，这篇日志就在网上受到高度的关注，许多网友认为，日志写出了自己的心声。同时，也有一些人指责年轻人不该有如此消极的心态。

其实，任何人都没有权利责备他们。下面让我们看看小明与张二狗同学的不同人生历程。

小学时，小明对老师说自己会做 100 以内的加减法，老师眉开眼笑；同一天，张二狗对老师的提问一问三不知，老师暗暗皱眉。小学时，小明次次考试得第一，有一天肩膀上终于多了三条杠；同一天，张二狗和人打架大败，脸上多了三条疤。小学时，领导来学校视察，小明作为模范学生代表上台发言；同一天，校长宣布从严治校，张二狗作为“闯祸精”代表上台检讨。小学时，小明的作文《难忘的晚上》在作文大赛中获奖，老师陪小明到省城领奖并游玩了一天；同一天，张二狗因爬墙进入某个工厂搬运废铜，门卫陪他到派出所“领奖”并“休养”了一天。

初中时，几个班主任为抢小明到自己班上争得面红耳赤；同一天，几个班主任为把张二狗踢到别人班上闹得不可开交。初中时，小明在中学生奥数竞赛中获奖，父亲在酒店设宴请客庆祝；同一天，张二狗的父亲也在酒店设宴，为张二狗闯祸而赔罪。初中时，小明光荣地加入了学校里的团组织；同一天，张二狗“光荣”地加入了学校里的痞子帮。初中时，班上的班花给小明写情书，小明回信说“不要妨碍我考重点高中”；同一天，张二狗给班上的胖妞如花递纸条，如花转身把纸条扔进垃圾桶……初中毕业了，小明理所当然地进入重点高中，而张二狗顺理成章地进入社会“深造”。

高中三年，小明依旧是个好学生，获得一个又一个荣誉，拿到一笔又一笔奖学金；在这三年，张二狗当过混混，做过推销员、包工头，积累了一条又一条人脉，攒下了一笔又一笔资金。后来小明考上了大学，在学海遨游四年，而张二狗在省城注册了公司，在商海中搏击。

大学毕业后，小明以优秀毕业生的身份进入人才市场找工作，然而处处碰壁，最后找到一份勉强能解决温饱的工作。同一天，张二狗以民营企业家的身份进入人才市场找员工，广受追捧，轻松地招聘到一批高学历高层次的人才。生活拮据的小明也想学张二狗白手起家自主创业，于是从小商品市场批发了一些杂七杂八的东西兼职搞推销，几星期内亏了一大笔，暗自伤感生活的不易；闲来无事的张二狗也想进大学校门学习深造增加内涵，于是请教授吃饭，给领导红包，一年就拿到了 MBA 学位，暗自感慨生活的惬意。房价飞涨，小明发现在省城有一套房子只能是一个梦想，父母来省城看到小明租住的房子，回家后伤心不已；房价飞涨，张二狗买了一套又一套的房子用于投资，钱赚得越来越多，父母也跟着他过上了富足的生活。

小明的经历或许是当今很多年轻人的真实写照，寒窗苦读十多年，到头来依旧“一穷二白”。不是自己不够努力，不是自己不够聪明，而是现实有时太残酷。

随着人口的增长，市场经济的形成，竞争机制的兴起，人们对财富、利益、名誉的欲望也随之膨胀，它们几乎成为人们追求的目标，成为社会评价的重要标准。就这样，人与人的交往在一定程度上不再是基于道德、信仰或认同，而是基于彼此的利益进而构成了我们眼中这个“世态炎凉”的社会。

世态炎凉，古今共有之，中外皆如此。元曲《冻苏秦》中说道：“也素把世态炎凉心中暗忖。”不管是“暗忖”，还是明忖，反正你必须承认这个“炎凉”的事实。如果你依旧怀揣着象牙塔中的那份单纯，认为社会一切都是绝对公正公平的，那么必将会为自己的无知埋单。

美好的生活不会自己从天而降，是需要通过自身的努力取得的。学会挖掘内心的力量，以积极的心态和顽强的毅力面对生活，善待不完美的自己。同时，不要将你的文凭视为救命稻草，你需要的是更多的社会生存技能。记住，成功是需要将“完善自己”“接受自己”和“耐心等待”融为一体的！

告别自命不凡，我们都是俗人

我们都是俗人，没有理由也没有资本去肆意贬低别人、抬高自己。你的自命不凡，只会失去朋友、伙伴，当你察觉到只剩下自己孤零零一个人的时候，你便会发现失去他人的参照，你的位置也无所谓高低了。

现在的人，特别是高学历、出身好的人，大都持有这样一种态度：自命不凡。他们总认为自己学识多，能力强，能说会道，什么事都能做好，什么难题都能解决。但自感优秀的他们在现实生活中却尴尬地走向了两个极端：一种是自视过高，偏执己见，令人生厌；一种是能力颇强，常以领导的姿态凌驾于其他人之上，当然最终也难逃被人冷落的境遇。

在火车站，一个新上任的年轻军官想打电话，他翻遍了所有口袋也没有找到手机，才发现自己的手机丢了。他跑到站台外，希望有人能帮助自己。这时，正好有一位老兵走了过来。年轻军官拦住老兵说："你有手机吗？"

"等一下，我找找看。"老兵连忙放下手中的包袱，翻找自己的口袋。

"难道你不知道对军官说话应该是什么样的态度吗？"年轻军官高傲地说，"现在让我们重新开始。你有手机吗？"

老兵迅速立正大声回答道："没有，长官！"

老兵身上真没带手机吗？未必，他之所以这么痛快地回答“没有”，原因只有一个——眼前这位军官态度过于骄横了，如此一副高高在上的样子谁看了都会不舒服，老兵又怎么会借给他呢？

自命不凡，源于一种基于个人地位、财产、知识等方面高于常人而产生的优越感，这种优越感通常会体现在人的表情、语言和动作上，往往容易令人生厌。不难看出，自命不凡虽然会满足人的好胜心，但这种满足是暂时性的，并且它还会在不知不觉中损害人际关系。在当今这个人脉即财富、人情即学问、交际即艺术、关系即能力的社会，一个人若处理不好人际关系，也就意味着注定会失败。

《易经》上说：“君子藏器于身，待时而动。”无论你是否满腹才学，都不能过于高傲，不能锋芒太露，而应学会低调做人，适时而动。

王静大学毕业后不久就在一家私人公司找到一份会计工作，公司规模不大，也就二十多人，而且算上王静，公司只有3个大学生。王静刚来到公司时，大家在背后对王静议论纷纷：这个小丫头一定很高傲，听说她是学校的高材生，她一定看不起我们这些没学历的……然而在接触一段时间后，大家对王静有了不同的印象。

王静深知大学期间学习的课本知识根本不足以让自己在社会立足，必须在实践中逐渐积累和虚心学习。从上班的第一天起，王静就摆脱了大学生的优越感，对每个人都笑脸相迎，并且从来不拿自己的学历炫耀，对于业务上不清楚的事情，她也会虚心向同事们请教。很快，王静就和同事们打成一片，得到大家的喜爱。在同事们的帮助下，王静很快就掌握了工作要领，与此同时，她根据自己以往的学习经验，把账务管理得更加明晰。此外在开会时，王静总是能提出一些具有创造性的建议，就这样，她的能力得到了经理和同事们的认可。现在，同事们有什么问题，都会半开玩笑地说：“快向我们的高材生王静请教。”

低调是比高调更有利的处世策略。上面故事中的王静就用自己的低调原则赢得了大家的认可和喜爱，进而在后来的工作中充分地体现了自己的“得道多助”。低调的人表面上或许给人一种懦弱的感觉，但低调绝不是懦弱的标志，而是聪明的象征。如果王静从一开始就炫耀自己，自命不凡，将自己强过他人的地方过分表现，那么她一定会招人厌恶，在工作中则会落入“失道寡助”的窘境。

人总是希望在最短时间内让周围的人知道自己是一个不平凡的人，于是在言语行动中往往会尽展锋芒。锋芒的确能够刺激人的眼球，但你不妨观察一下周围的人，凡是经验老到、处世圆滑之人无不深藏不露，稳重内敛，很少轻易展现自己。

我们都是俗人，没有理由也没有资本去肆意贬低别人，抬高自己。你的自命不凡，只会令你失去朋友、失去伙伴，当你察觉到只剩下自己孤零零一个人的时候，你便会发现失去他人的参照，你的位置也无所谓高低了。在人际交往过程中，希望每个人都能够放下姿态，低调做人，告别自命不凡，平等地对待每一个人。

浮躁和冲动是稚嫩的标签

成功者控制情绪，失败者被情绪控制。但凡一个成功的人，都是一个善于控制自己和他人情绪的人，而失败的人只能沦为被情绪操控的玩偶。

人们常用“血气方刚”“初生牛犊不怕虎”来形容年轻人。这两个词并无贬义，但当下许多人却用自己的浮躁和冲动错误地诠释了这两个词。

刚参加工作，小莲感到力不从心，职场人际关系复杂，自己又不能随便跳槽，再说这份世界500强的工作是她费了千辛万苦才找到的，所以不到万不得已不能轻言放弃。可是没过几个月她就渐渐地厌倦了这份工作，她总认为一个硕士生，在公司里当个文员，实在太委屈了。

于是，她的心理开始发生了变化，工作上也不积极认真了，工作中时常开小差，也常被领导批评。有一次她发错了邮件，表格数据也出了问题，领导很生气地训斥她："最近这是怎么回事，你这种表现连一个高中生都不如……"受了领导的责骂，小莲情绪非常激动，正当她准备反嘴时，领导接了一个电话，于是挥挥手让她出去，她一口气跑到厕所，马上给男友打电话发泄，没想到是，她男友听完她的诉苦后不仅没有安慰她，反而指责她说："你们老板其实也没有说错，既然做了这份工作就要好好的做，你的脾气也该改改了！"

小莲听后，越发气恼，她和电话那头的男友大吵了一架，就挂断了电话，这一天她心情低落到极点，下班回家等电梯的时候，电梯迟迟不来。她快要烦躁地骂街时，有一个女人推着一个小男孩走了过来。小男孩长得非常可爱，当推车停到小莲身边时，小男孩对着小莲甜甜地笑了，妈妈对小男孩说："宝宝，叫阿姨……"

小男孩对着小莲不停地笑，并抓住她的胳膊，小莲不得不低下头摸摸小男孩的头说："宝宝真乖。"小莲说完后自己也笑了，一天不愉快的情绪一扫而光，她不禁对自己说："今天都是情绪在作怪，我不能再这样下去了，我一定要学会管理好我的情绪，以后对工作认真一些，踏实做事就好了。"小莲下定决心以后，第二天开始认真踏实的工作，两年以后，小莲终于守得云开见月明，成为公司的部门主管。

刚刚走出校园不久的人，人生阅历浅，对事物判断单纯直接，全面协调、通盘考虑问题的能力较差，更易感情用事，结果常常造成难以挽回的局面，后悔莫及。

浮躁和冲动是一个人稚嫩的标签。你应该明白，当你背起行囊走向社会的时候，你就必须脱去幼稚，不能再依靠父母的臂膀为自己遮风挡雨，不能再以小孩子的身份为自己的冲动开脱，不能再因自己的任性而肆意妄为……你已经过了想说什么就说什么、想做什么就做什么的年龄了。

成功学大师安东尼·罗宾斯曾说过："成功的秘诀就在于懂得怎样控制情绪这股力量，而不为这股力量所反制。如果你能做到这点，就能掌握住自己的人生，反之，你的人生就无法掌握。"成功者控制情绪，失败者被情绪控制。但凡一个成功的人，都是一个善于控制自己和他人情绪的人，而失败的人只能沦为被情绪操控的玩偶。因此，你若想拥抱成功，那么就要设法让自己成为情绪的主人，掌控自己的情绪！

醒醒吧，不要再做白日梦了

在人生大好的年华里，请不要再躲在象牙塔里做无谓的空想，在幼稚的思想泡沫中耗费青春！

人大都会抱有许多美好的幻想，香车、豪宅等这些美丽的词汇无时无刻不在诱惑着他们的心，使他们久久地等待，痴痴地向往。然而幻想虽然是美好的，但现实却往往是残酷的，白日做梦只会令人一败涂地。

李娟是家里唯一的女儿，父母对她呵护备至，宠爱有加，但这也使她变得放纵娇惯。李娟从小就喜欢灰姑娘的故事，她幻想自己有一天能够穿着水晶鞋等来英俊的白马王子。李娟很爱打扮，加上天生丽质，身边从来不乏追求者。这也让李娟认为，美貌能让她拥有一切。李娟的学习成绩并不好，当年上大学时，也是父母交了高额的赞助费才有机会让她念的。然而，她对此并没有过多的感激，在大学中依旧高傲骄纵。

大学毕业时，同学们都开始忙于找工作或考研，还有的结了婚，这一切让李娟惊慌失措。李娟发现现状并不如自己当初所想的那样精彩，除了在大学中交了几个男朋友之外，她基本没有学到任何知识和技能，而最后一任男朋友也在毕业后与自己分道扬镳。几次失败的应聘经历让李娟认为找工作似乎不是自己能力范围内的事情。此时，李娟害怕极了，像只迷路的小鹿，对外面的世界充满了恐惧。她整日待在家中，不出门，很少说话，偶尔翻书，然后久久地发呆。父母看到女儿这个样子，甚是心疼。为了让女儿今后有出息，父母只好掏出老本，托关系给女儿谋得一份公务员的工作，于是，李娟的世界在父母的帮助下又有了生机。

工作向来不是李娟的目标，她依旧认为美貌能为她赢得想要的生活。半年后，李娟在亲友的介绍下，很快有了男朋友，但面对此时的爱情，她有些不知所措，对方没有宝马，也不是白马王子。交往不久，对方由于忍受不了李娟高傲骄纵的性格，最终与她分手。与此同时，李娟由于工作表现不佳，被调到一个无人问津的职位。爱情和工作的双重打击让李娟十分伤心，她开始把自己封闭起来，后来患上了忧郁症。

人在二十几岁前，由于父母的宠爱和亲友的佑护，可以不谙世事，可以纵容自己，可以毫无顾忌地大哭大闹，可以用撒娇来摆平世界；而在二十几岁后，就必须脱离这层保护，独自接触这个真实社会。二十几岁已经过了躲在象牙塔里做梦的年龄，如果你没有面对现实的勇气，就会像故事中的李娟一样，即便父母为你铺好路，你也难以在社会立足。

生活中，无论是好的坏的，美的丑的，有利的有害的，真实的虚伪的，像太阳一样温暖人心的，像黑夜一样冷冰冰的……人都要靠自己去辨别、去应付。唯有这样，你才能真正成熟，才能在这个社会立足。

二十几岁是人一生中最美好的年华。所以，在你人生大好的年华里，请你不要再躲在象牙塔里做无谓的空想，在幼稚的思想泡沫中耗费青春！二十几岁，正是你建功立业、有所作为的年龄，此时逃避、恐惧、安逸、怨天尤人，都是要不得的。唯有把握好这一生中最珍贵的时光，勇敢地去面对、去拼搏，你才有可能为自己赢得成功的人生！

天上不会掉馅饼，便宜不能随便占

天下没有免费的午餐，天上掉下的馅饼不一定是什么好事。面前的利益越大越要小心谨慎，因为在其背后可能隐藏着巨大的陷阱。

常言道："一分耕耘，一分收获。"只有当我们有所付出，才可能获得与之相应的回报。然而许多人偏偏喜欢投机取巧，认为自己即使不付出任何劳动，也有机会品尝到天上掉下的馅饼。

"天上不会掉馅饼"是对那些心存幻想、贪小便宜者的忠告。人要明白，天下没有免费的午餐，即使有，到口的也未必都是美味。

一个人在喝罐装可口可乐时，发现自己中了二等奖：8.8 万元。年轻人开始时怀疑过奖项的真伪，但想到可口可乐是大公司，而且常年设奖，骗局的可能性小。此外，罐身处有兑奖电话，年轻人想只要打一个电话确定一下就清楚了。于是，他照着上面的电话打了过去。接电话的是一位女士，听说年轻人中了奖，她比年轻人还高兴。电话中，女士用甜美的声音为年轻人解除了疑惑，她还告诉年轻人，要想得到这 8.8 万元，还要交 20% 的个人所得税。年轻人心想，比起这 8.8 万元，那一万多元的个税也算不了什么，于是爽快地答应了，并立刻到银行将“税款”打到指定账户。然而在他返回家不久，就接到一家所谓的美国远洋公司的电话，说他们搞错了，是 8.8 万美元，要求年轻人补交个税，而当年轻人补交完所谓的个税后，又接到海外救助中心的电话，说希望他能够捐些钱给希望小学……最后，年轻人不但没有拿到这“8.8 万美元”，还给那家海外公司打了 28 万元人民币过去，其中 18 万元还是这个年轻人向朋友借来的。在苦等半个月后，年轻人醒悟了，去当地公安机关报了案。公安机关说此类案件并不少见，犯罪分子自己制作铝罐，印上诈骗信息，诱人上当。由于账户在海外，公安机关也无法捕获犯罪分子。就这样，这个年轻人因为一时的贪念，不仅损失了一大笔财富，还让自己背上了巨额的债务。

天上掉馅饼的事往往不是陷阱，就是圈套，如果你在生活中遇到类似的“好事”，千万要当心，一定要经得起诱惑，保持清醒的头脑，不妨多问问自己：我有那么幸运吗？为什么我可以得到？我得到之后要付出怎样的代价？

或许你认为自己足够理智，不会眼馋不属于自己的“馅饼”。其实大多数人都是这样相信自己的“理智”的，然而当“馅饼”真的掉在自己眼前时，就变得不那么理智了。有些人可能会将自己受骗上当归罪于骗子手法高明，让人防不胜防。事实上，大多数骗子都不过是利用了人们贪图小利和期望不劳而获的心理。当人们面对巨大的诱惑时，难免会对此心存幻想，认为奇迹会发生在自己身上。任何骗人的伎俩都会有漏洞，只是被利益蒙蔽双眼的人们没有发现而已。总之，有得必有失，便宜占不得。面前的利益越大，越应该保持清醒，谨慎处理。

赵阳是一个初入社会的大学生，正当他苦于无处施展自己才学的时候，结识了孙博。孙博是一家大公司的财务经理，在公司也算是位高权重。他介绍赵阳当了公司的出纳，并对他非常照顾，俨然一副大哥的样子。初入社会就受到如此眷顾，赵阳觉得自己遇到了贵人，对孙博感激不尽，暗下决心今后一定要帮他多分担工作。

一次，孙博拿到一张数目不小的单子给赵阳报销，说是客户来办事情，需要公司帮忙处理一笔应酬用的开销，希望赵阳想办法用公司财务的账款做掉，走公司的账。赵阳是个老实人，他知道这样做不对，但碍于是一直照顾自己的大哥提出的请求，也不好再说什么，于是硬着头皮按照孙博的吩咐做了。几天后，孙博又拿来了一张账单，还用同样的托词请赵阳帮忙解决掉。这两次不合规定的账目让赵阳寝食难安，越想越不舒服。

当孙博第三次拿来账单的时候，赵阳当面拒绝了他。此时，孙博脸一沉，威胁赵阳说："以前就是你做的账，现在不想做了，那我向公司揭发你做假账，他们会将你告上法庭，让你吃不了兜着走！"

这时的赵阳如梦初醒，原来这才是孙博的真面目，这一切也都是他早已设计好的阴谋：他对自己好，就是为了给他自己谋得更大的利益。

初入社会的人，当别人无缘无故地照顾你，关心你，给你机会，送你礼物时，千万别高兴得太早，你眼中的"贵人"可能正在算计着如何从你身上获得更多的利益。在这个社会中，处处暗藏小人，暗藏陷阱，一不小心就会上当或被人利用。如果你想避免上当受骗，就要正大光明地做人，脚踏实地地做事，千万不要轻信天上会掉馅饼的美事。

除了自己，没有人可以终身依靠

父母不是你的终身依靠，父母所拥有的也不是你骄傲的资本，依靠自己的力量拼搏奋斗才会得到持久的保障。

中国的父母或许是世界上最尽职尽责的父母，从孩子出生的那一天起，就会给予无微不至的照顾，小到饮食起居，大到婚姻择业，都会安排得妥妥当当。正因为如此，当下许多人都有着强烈的依赖心理，成了“啃老族”。

古希腊神话中有一个大力神叫作安泰，他是海神波塞冬与地神盖娅的儿子。安泰力大无比，百战百胜，但是他有一个致命的弱点，就是一旦离开了大地，离开了母亲的滋养，就会丧失一切力量。这个秘密被他的敌人发现后，敌人就设计让安泰离开了大地，然后在空中轻松将他杀掉了。

这个故事告诉我们：除了自己，没有人可以终身依靠。

父母的臂膀无论多么温暖，终究不是可以停靠终身的港湾。因为父母会渐渐老去，终有一天会离开我们，这是任何人都无法改变的自然规律。如果人把自己的人生全部交给父母，那么首先他的人生是可悲的，因为他不能掌控自己的人生；其次，因为他缺少解决问题的勇气和经验，一旦父母遭遇变故，那么他将难以在社会立足。

当年大仲马闻名世界时，他的儿子小仲马投稿却屡次被退。大仲马多次向儿子提出由他出面投稿，但小仲马始终不肯接受父亲的帮助。小仲马说："这样做的结果只会使我永远被父亲的光辉所笼罩，所以我必须拒绝。"小仲马写了被退，退了再写，在他的不懈努力下，终于一鸣惊人，著成不朽的世界名著——《茶花女》。就这样，小仲马赢得了世界的肯定，他的成就甚至超越了父亲。

生活中，类似这种依靠自己取得成功的故事很多。例如海伦·凯勒即使在失明、失聪后，也没有把生活的希望全部寄托于父母，而是依靠自己的力量学会说话、学会写作、学会自立，最终成为美国历史上的一位传奇人物。

人生在世，就要学会自立自强。百度、搜狐的 CEO，耐克、安踏的创始人，哪一个不是白手起家？所以，父母不是你的终身依靠，父母所拥有的也不是你骄傲的资本，依靠自己的力量拼搏奋斗才会得到持久的保障。

我们控制不了风，控制不了雨，控制不了这个世界的许多东西，但是我们可以控制自己、可以改变自己、可以提升自己。请切记：除了你自己，这个世界是没有人可以终身依靠的。

现实不认可学历，只认可经验和努力

学历不代表能力，很多时候，学历仅仅代表你具有一定的基本素质，还要通过不断积累经验，不断磨炼意志品质，才有可能真正成为一个对社会有用的人才。一纸文凭，或许能够成为你跨越求职门槛的"绿卡"，却不可能成为你事业成功的保障。

学历代表的仅仅是你过去的学习能力，若想在未来成就一番事业，还是要通过不断的学习，不断积累经验。经验和努力才是事业成功的法宝！

一个人若想事业有成，不仅要有智商和能力，更需要丰富的经验，并且不断努力奋斗。卖油翁的故事，相信大家都听说过。那么小的开口，如何能够将油倒进去，且一滴不洒呢？“无他，但手熟尔。”卖油翁混社会靠的便不是学历，而是大量的实践经验。

杨秋毕业于国外一所名牌大学的商学院，毕业之后，她主动放低身价，来到一家大企业，从基层做起，一步一个脚印地积累经验。在日常琐碎的工作中，她逐渐显露自己的能力，终于得到领导的重用。最终，她成为这家企业历史上最年轻的首席执行官。在面对记者的采访时，她说：“人不能用赚钱的多少，来衡量自己工作的价值。我当然也希望一毕业就待遇优厚，可那样是不对的。眼高手低，浮于做事，是不利于自己的职业发展的。越来越丰富的经验，才是你做工作时得到的最好报酬！”

俗话说，“英雄不问出处。”三国时期，刘备不过是织席贩履的小商人，关羽乃是朝廷一名小卒，因犯事流落他乡，张飞是杀猪宰牛的屠户，然而三人自桃园结义之后，纵横天下，最终成就了一番伟业。混社会时，学历代表的是你的出身，然而最终能够让别人刮目相看的，是你的实力。而你的实力，恰恰是由经验和努力构成的。

上学时候的成绩好，不代表你以后混社会也能比别人强。新东方创始人俞敏洪曾经说，他当时在北大读书时，在班里排名倒数，然而当年他们班上的前五名现在有四个在新东方做事。如果你志向远大，不甘碌碌一生，就千万不能被自己的学历牵绊。要放远眼光，立足当下，不断学习，以创造辉煌的未来。假如你有雄心，想要成就一番事业，切忌眼高手低。无数成功的企业家，都是从最底层做起，慢慢积累经验，最终成就自己的事业的。

立身处世忌清高，为人贵在藏锋芒

“太高人愈妒，过洁世同嫌。”洁身自好、坚持原则固然没错，然而也要懂得人情世故，不要对别人过于苛求。人如何能够在修养方面臻于至高境界呢？古代圣贤告诉我们，要懂得低调，懂得收敛锋芒。

“清高”曾经是文人雅士用来标榜自我的褒义词。心比天高，不会阿谀逢迎，认为自己是思想道德上的君王，对于世俗功名利禄不屑一顾。一心追求道德情操的修养以及人格的完善，拥有至高无上的精神境界，眼光长远，不为红尘俗世牵绊。

后来，随着社会交往的日益加深，人们发现“清高”者也并非完人。清高的人往往目空一切，因而很难处理好跟周围人的关系；他们又孤芳自赏，即便自己一时有错，也很可能因为好面子，而去刻意掩饰，不愿承认，给人留下自以为是、不可理喻的印象；再者，这类人倾向于完美主义，因此往往在为人处世时，让人觉得苛刻、难以相处。总而言之，在当今社会，“清高”已然不是一个褒义词了。为人处世坚持原则固然没错，然而也要懂得圆滑，放得下架子，如此才能结交更多朋友，为自己的成功铺平道路。

其实，人们之所以渐渐认为清高不可取，还有另外一个很重要的原因。俗话说，“枪打出头鸟”，清高者鹤立鸡群，孤芳自赏，不懂得收敛，很容易招致灾难。

三国时期，蜀先主刘玄德早年间英雄穷途，不得不投奔曹操，暂以为安身之计，徐图发展。时值曹操弄权，朝野忠臣义士俱敢怒不敢言。国舅董承受献帝衣带诏，私下里联络各路英豪欲讨贼以清君侧，刘玄德亦在其列。然而，刘玄德自认兵微将寡，无以与曹操对敌，所以受了衣带诏之后，每日于自家后园内种菜养鸡，以为韬光养晦之计。目的是让曹操以为自己胸无大志，不让其对自己有所提防。

果然，曹操虽“青梅煮酒”，指刘备和自己为当世之英雄，然而见刘备每日躬耕田园，以为其胸无大志，也渐渐放心，对他放松了警惕。刘玄德懂得收敛，暂时将自己匡扶汉室、成就一番大业的志向掩藏，才得以在奸雄曹操的眼皮底下安然无恙。后来，公孙瓒兵败身死，刘玄德便借口抵挡袁术侵犯徐州，从曹操处借得兵马粮草，恰似“撞破铁笼逃虎豹，顿开金锁走蛟龙”，最终，得以成就鼎足三分占其一的不世伟业。

为人处世，即便春风得意时，也需为自己做长远打算，要有战略眼光，不可逞一时之能，以致失去了人心。所谓“藏锋芒”，就是要懂得在人际交往中，低调做人，将自己的真实能力隐藏起来，以便伺机而动。态度谨慎，不张扬。这样方能随机应变，在社交活动中游刃有余。

一个人的优秀之处，正是其锋芒所在，它可以让你在工作中如鱼得水，也可能误伤你身边的朋友。所以，我们做事时要锋芒毕露，为人处世时则要收起你的锋芒，懂得谦和礼让，让别人都觉得你容易相处。从大的方面讲，“得人心者，得天下”。凡成就大事者，必要收拢人心。从小的方面说，一个优秀的人之所以能够高朋满座，事业有成，恰恰是因为他懂得适时收敛，谦虚谨慎，宽以待人。

第2章

社会是很残酷的，要学会去适应它

社会就像“江湖”，江湖之路充满是是非非。要想立足，就必须摘下单纯的面具，学会去适应它，正视那些悲欢离合、世态炎凉，只有这样，你才能真正游刃有余、春风得意。

不去适应社会，你什么都不是

社会不会像家长和老师一样欣赏你的天真、清纯，社会也不会迁就你这样一个年轻的新成员，社会只会要求你遵守它的游戏规则。

一份大学生毕业调查报告显示，每年走上工作岗位的大学生中，有一半会出现“社会不适症”。尽管他们大都对未来充满了希望，拥有展翅高飞的决心，但由于生存环境的改变，角色转换不到位，使得这些社会新人备感紧张、失落，工作也常常出现各种问题。

19世纪30年代，达尔文周游世界时，在非洲发现一个原始部落，这里非常落后，人没有衣服穿，住的是山洞。可以想象，这里的人一定是愚昧的。他们会把年老的妇女赶进深山老林，由她们自生自灭；他们在没有食物的情况下，会把婴儿和小孩分食。达尔文下决心要改变他们的生活，他高价买下一个部落男孩并带回英国。经过16年的悉心培养，这个部落男孩已成长为“文明青年”，之后达尔文通过熟人又将男孩送回了家乡。一年后，达尔文故地重游，想看看部落男孩有没有改变落后的原始部落。结果，达尔文彻底失望了。原来男孩早被族人吃掉了，因为族人认为他什么都不懂，什么都不会做，只会浪费食物。后来达尔文在日记中写下了这样一番话：“一个人的愿望和他所希望的结果并不成正比。一个种族遗留下的问题，决不是依靠一个或几个‘文明人’能够解决的。社会从野蛮进化到文明，这是一个痛苦且漫长的历程，欲速则不达。所以，社会上的每一个人都应该去适应自己周边的环境，否则，哪怕他再聪明，也终将被淘汰。”

达尔文用简单的几句话，向世人道出了“物竞天择，适者生存”的道理。

当你鼓足了勇气踏入社会前，必须清醒地意识到，自己参加的不是庙会，不是去游乐场寻找一些刺激，不是去超市或商场悠闲购物，也不是茶余饭后闲庭信步，而是即将进入一个没有硝烟的战场，在这个战场中，只有适者才能生存。因此，你要主动去适应社会，而不是让社会来适应你。

肖潇在一所名牌大学里学习美术设计专业，成绩优异的她在学校中备受老师青睐。大学毕业时，自感优秀的肖潇始终相信自己能够进入大的文化广告公司工作，因此她将那些小广告公司伸出的橄榄枝通通拒绝了。经过半年的寻找和等待，肖潇终于被一家颇具规模的广告公司录用了。上班的第一天，当经理找她谈话时，她说的第一句话便是要求“职位与专业对口”，并反复提醒经理要“充分考虑我的特长”。很明显，肖潇就是想让经理安排她到广告设计部门工作，这样才能真正发挥自己的优势。不过，经理并没有因肖潇的强调和解释改变自己的初衷，仍然安排她到策划部去工作。为此，肖潇很不开心，自己明明强烈要求，居然被无情地拒绝。肖潇觉得既丢面子，又大材小用，难有出头之日，于是带着种种不良情绪进了策划部。来到策划部后，肖潇工作散漫、懒惰、不认真，给部门经理留下了很差的印象。试用期没过，肖潇就被劝退了。

社会有时候就像个不倒翁，你越是想让它朝自己所希望的方向转，它就越会转向反方向。只有“适应”它，才能让自己立于不败之地。你要知道，“适应”是“超越”的前提。因为没有模仿，就无法创新；没有适应，就谈不上超越。只有当你足够了解周围的环境，你才能以不变应万变，才能在社会中游刃有余，扶摇直上。

刚刚进入社会，社会不会像家长和老师一样欣赏你的天真、清纯，社会也不会迁就你这样一个年轻的新成员，社会只会要求你遵守它的游戏规则。社会是现实而又残酷的，你一定要学着去适应这个急剧变化的社会。只有当你学会承受一切不可逆转的事实，你才能够成熟、坦然地面对社会中的各种问题。

社会和自然奉行的是同一条法则，即适者生存，所以请切记：不去适应社会，你什么都不是。

与其抱怨现状，不如着手改变

如果你还在把抱怨作为生活的一种习惯，那么你的生活是乏味的，你的明天也将是灰暗的。

有一份关于人抱怨状况的调查报告显示，近九成年轻人每天都会抱怨，八成年轻人表示自己会习惯性地表达哀伤、痛苦或不满，92.6% 的年轻人会对自己的抱怨行为感到“深恶痛绝”。

的确，与其他年龄段相比，不成熟的年轻人更易发牢骚，特别是当他们看到别人光辉灿烂的一面后，就会发出“为什么老天对我不公”“为什么自己如此不幸”“为什么周围的人过得都比自己好”等诸如此类的抱怨。

人生不如意十有八九，偶尔发泄一下也无可厚非。但是，如果经常性地抱怨他人或自己，并把它作为精神胜利法来拥护，那就危险了。抱怨不会带来任何有意义的东西，它只能降低人解决问题的能力，影响人对生活的热情，破坏积极的人际关系，使周围的一切向更坏的方向发展，甚至出现越“抱”越“怨”的现象。

刘畅出生在一个偏远的山村，家境贫困，父母节衣缩食供她读书。刘畅自己也很努力，依靠顽强的毅力考上了大学，走出了山村。上大学时，看到周围同学衣着光鲜，出手阔绰，刘畅不禁自卑起来。慢慢地，她开始抱怨自己没有出生在一个生活优越的家庭，抱怨父母没有本事。

大四那年，同学们都开始找工作或准备考研。刘畅的学习成绩其实很优异，考上研究生的概率很高，但她考虑到自己的家境，便决定放弃考研，投入找工作的大军中。在接下来找工作的过程中，种种的不如意又让刘畅不禁感叹自己可悲的命运。平日里那些不上课、学习差的“坏学生”依靠父母的关系，轻松就能获得一份好工作，而自己这种无门路的“好学生”连找一份差不多的工作都很难，这种境况让刘畅备感难过，于是她又开始抱怨起来。

毕业后，刘畅在一家广告公司谋得一个编辑助理工作。公司都是和刘畅年龄相当的年轻人，大家经常在一起聊天。但刘畅的话题永远围绕着由于自己出身不好，导致在人际关系和找工作中的失败，偶尔她还会抱怨工作的繁重，当然她认为这也与其家庭有莫大的关系。

好景不长，刘畅在这家公司工作半年后就被解雇了。原来公司正值裁员之时，刘畅抱怨工作的言语被老板听见了，加上平时她与同事们经常抱怨，老板认为她影响了整个团队的士气，于是她成为裁员的首选。

很多时候，困境是由环境造成的，虽然我们无力改变环境，但我们完全可以改变自己，通过改变自己来改变环境。上面故事中的刘畅就错误地把自己的不如意全部归咎于自己的出身。谁都无法选择自己的出身，因此千万不要抱怨自己的出身。出生于豪门的人，其人生之路的确有更多阳关大道；出生于贫寒人家的人，其人生之路的确布满荆棘。尽管我们的生存条件无法选择，但还是有许多东西可以自己把握、争取的。如果刘畅能够改变心态，积极地面对人生，不再满腹牢骚，那么她一定会有所收获。

对于成功，机遇和智慧很重要，但最重要的还是能够改变自己，从而让自己适应这个时代、适应竞争的社会。没有人天生就具备一切成功的素质，这些素质更多的是来自后天的学习。因此，渴望成功的人一定要有积极的心态，时刻检查自己，不断完善自己。

如果你还在把抱怨作为生活的一种习惯，那么你的生活是乏味的，你的明天也将是灰暗的。既然如此，请不要再去抱怨你的不如意；不要再去抱怨你没有一个富裕的家境；不要再去抱怨你的工作差、工资少；不要再去抱怨你空怀一身绝技没人赏识……现实中有太多不如意的地方，与其抱怨现状，不如着手改变。

谨言慎行，你已过了童言无忌的年龄

二十几岁的年轻人不要再把自己当成小孩，不要以为还可以“童言无忌”，凡事“三思而后言，三思而后行”。

当你走出校门踏入社会的那一刻起，就意味着你所接触的人不再是父母师长，不再是儿时的玩伴和同学，而是存在各种利益关系、竞争关系的上司、同事、客户等，这也就意味着你要开始面对社会中人与人之间激烈的竞争。或许你很想知道，为什么有的人在社会竞争中被弄得晕头转向、屡屡受挫，而有的人却能在社会竞争中游刃有余、实现梦想？

其实原因很简单，只有四个字：谨言慎行。

刘烨大学毕业后在机关里做办事员。刘烨是一个不会说好听话的人，每当别人就某件事情征求她的意见时，她总是说一些令人不舒服的话，完全不考虑对方的感受。

有一天，同办公室的一个女同事穿了一件新衣服，大家都说了些衣服漂亮、合适之类的话，而当这个女同事问刚刚进门的刘烨时，她回答说："姐姐，你身材太胖，衣服不适合你。"女同事一听眉头皱了一下，低声地说："是吗？"刘烨完全没有注意对方的情绪变化，继续说道："还有，这衣服的颜色你穿有点儿艳，不适合你的年龄。"这一下，刚才还兴致勃勃的女同事脸立刻沉了下来。结果不仅这个女同事觉得非常尴尬，刚刚大赞衣服不错的其他同事也备感尴尬。

事实上，刘烨只是直言相告，因为这个女同事的身材确实有些臃肿。可是在职场中，刘烨的"直言"往往会令周围的人很不舒服。久而久之，同事们把她排除在集体之外，有聚会时，大家很少会想到她。

如果小孩子说错了话，大人会说这是"童言无忌"，不与他们计较。因为小孩子不懂事，很多做人的规矩都不清楚，想到什么便说什么，他们不懂得在大脑中加工，不善于掩饰，凡事实话实说。但如果一个二十多岁的人说错了话，人们就不允许你用"童言无忌"为自己开脱了。因为二十多岁的人已经成年，已经有了自己的思想和思维方式，有了自己做人做事的态度。从他的言语或行动中，人们可以看到他的态度或思想。二十岁已经过了童言无忌的年龄，没有人再会为你幼稚的言语和鲁莽的行为埋单，因此你一定要懂得谨言慎行的处世道理。

王倩与张靓是一同进入公司的大学生，工作中两人积极努力，互相帮助，私下里的关系也很好，可是一次升职机会却破坏了她们的友谊。

工作半年后，公司公布了一份升职名单，王倩榜上有名，很是高兴，但张靓因此心生忌妒，觉得自己并不比王倩差，一定是她背后耍手段了。于是，张靓就到处跟同事说王倩学历低、能力差，靠关系才升的职。王倩知道后很气愤，就在工作中处处为难张靓。就这样，两个人变成了公司里的一对冤家。

她们之间的矛盾很快就被上司知道了。对于任何一个上司来说，他都不会喜欢下属之间钩心斗角，而且她们已经影响到了整个团队的工作效率。于是，公司决定解雇张靓，而王倩也被降职。

办公室里的升迁调遣是最平常的事，作为朋友的张靓没有祝贺反而四处诋毁，而王倩面对张靓的猜疑没有以宽容之心面对却加以责难，使得她们的关系进一步破裂。可以说是她们欠考虑的言辞和不理智的举动让她们从好伙伴变成了冤家对头，她们也为此受到相应的惩罚。试想，如果王倩和张靓能够懂得谨言慎行的道理，也不会落得如此地步。

无论是在生活还是在工作中，在说话做事前一定要深思熟虑，做到“三思而后言，三思而后行”，切莫因一时口快，引致不快，也勿草率行事，制造不必要的麻烦。这里还有一点要说明，所谓“谨言慎行”并不是让人违心、虚伪、奸诈地迎合别人、钻空子、占便宜，而是希望在为人处世时，能够在善良、真诚、宽容的基础上，更加谨慎，拿捏好分寸，机智灵活地待人接物。

社会才是人生的大课堂，那些在学校课堂上学不到的东西，社会都会给你机会学习，但是千万不要忘记世事复杂，不要用你的天真来面对这个竞争激烈的世界。社会的任何活动都是有一定规则的，要想立足于社会，就必须遵守它的规则。从现在开始，不能再盲目地摸爬滚打了，多去了解和掌握社会的规则，有意识地把自己修炼成一个成熟、机敏、谨言慎行的人。

慢慢接受生活中的所有不公平

生活是不公平的，如果无法适应，并因此怨天尤人，不敢面对现实，整天活在忧郁之中，那么就会被生活击垮。如果不想成为失败者，不妨去思考如何更好地接受生活中的不公平。

比尔·盖茨说过这样一句话：“生活是不公平的，要学会接受它。”的确，从人出生的那一刻起，这种不公平就已凸显出来：有的人降生在富丽堂皇犹如宫殿一般的私人病房里，有的人则降生在农家炕头上；到了上学的年龄，有的人坐着轿车、穿着新衣、背着新书包踏进美丽的校园，而有的人却只能眼睁睁看着别人背着书包暗自悲伤；到了择业的时候，有的人靠关系进了著名的企业，有的人没学历、没关系，只能凭体力劳动艰难度日。

当然，大多数人没有前者那么优越，也没有后者那么凄惨，而是处在一个中间的水平，但是仍能感觉到生活的不公平。你是否曾经问过自己：为什么自己的父母是普通工人而不是领导干部？为什么自己大学毕业时偏偏赶上国家不再分配工作？为什么自己到了该成家立业时房价较几年前翻了数倍？为什么自己拼命工作，老板却把晋升的机会给了一个亲戚……生活中不公平的事情实在是太多了，仇视不公，指责抱怨，背地里唉声叹气，或许能舒缓一时之气，但不会有任何实质性的改变。

在遭遇不公的时候，大多数人想的是改变周围的环境，改变不公的待遇，其实这么做多半是行不通的。试想一下，如果你大学毕业后被分到基层，那么你很有可能一边愤愤不平，一边敷衍工作，这样一来，你很难有升职的机会，因为你的上司会认为连简单事情都做不好的人，根本不会有能力去做更复杂的工作。生活中的许多不公平是无法逃避的，也是无从选择的，抗拒不公不但会毁了你的生活，而且容易使你的精神崩溃。对付生活中不公平的方法，正如比尔·盖茨所说的那样——学会接受它。

《庄子》中记载着这样一个故事：

有个叫子舆的人，上天赋予他很多缺陷：矮小、驼背、脖颈朝天，即便如此，他生活得依旧很快乐。有人问子舆："你是否讨厌自己的样子？"子舆回答道："不！我为什么要讨厌自己呢？假如上天使我的左臂变成一只鸡，那么我就用它在凌晨报晓；假如上天使我的右臂变成弹弓，那么我便用它去打斑鸠烤了吃；假如上天使我的尾椎骨变成车轮，精神变成马，那么我便乘着它遨游世界。上天赋予我的一切都能够充分使用，我为什么要讨厌它们呢？得，是时机；失，是顺应，安于时机而顺应变化，哀乐便难侵蚀我心。"

愚者会抱怨生活的不公，智者则会适应生活，接受生活的不公。故事中的子舆就是生活中的智者，对于无法改变的事实，他能够欣然接受，从而享受人生，收获幸福与快乐。

生活是不公平的，如果你无法适应，并因此怨天尤人，不敢面对现实，整天活在忧郁之中，那么你就会被生活击垮。如果你不想成为失败者，不妨去思考如何更好地接受生活中的不公平。

普希金有一首诗叫《假如生活欺骗了你》："假如生活欺骗了你，不要悲伤，不要心急！忧郁的日子里需要镇静，相信吧，快乐的日子将会来临。"对待生活的不公平，需要的是理智的行为和宽广的胸怀，并学会换一种角度看待。你比不过别人，是因为你的才能并不在此。生活固然不公，给予一部分人令人羡慕的才能和机遇，但它也会赐予你他人难以拥有的东西，只是此刻你没有发觉而已。因此，在接受生活不公的同时，要学会挖掘属于自己的东西，而不要再去抱怨或艳羡他人。

不要再抱怨幸运女神没有眷顾你，不要再哀怜自己没有成为上帝的宠儿，假如生活欺骗了你，给了你诸多不公平的待遇，那么请你接受比尔·盖茨的忠告：学会接受它。唯有接受当下的生活，才有机会去改变自己的处境。

总之，在无法改变不公或不幸的厄运时，请试着让自己接受它，适应它。

学会把看不顺眼的人看顺眼

别人永远都是你的镜子。如果你对别人微笑，别人也会对你报以微笑；如果你对别人投去敌视的目光，那么别人也会向你投来不友善的目光。

生活中，每个人都会有不喜欢、看不惯、看不顺眼的人。这些人可能是因为与我们利益上存在对立，可能是因为曾经给自己留下过不好的印象，也可能是因为他们身上有某种不良的习惯或嗜好。总之，每当见到他们的身影，听到他们的声音，甚至闻到他们的气味的时候，我们就会自然而然地产生一种厌恶感。

对于喜欢和厌恶的人，大都会爱憎分明。喜欢之人，亲近礼让；厌恶之人，疏远唾弃，然而，这是一种非常不理智的做法。

张鹏是一家汽车销售公司的业务员，他在这家公司工作已有三年之久。可以说，他是看着公司一步步成长、一步步走到现在的。后来公司扩大规模，招了一批精英，其中有一位一上任就成了张鹏的领导，坐上了销售总监的位置。虽然张鹏一直都很期待自己能够坐上销售总监的位置，但现在也只能叹气了。

不久，张鹏和销售总监出去见一个公司的大客户。到了那里之后，张鹏发现有一份很重要的采购表没有带，便提出立刻返回公司取。客户见张鹏粗心大意，表现出担忧的神情，销售总监见状就毫不客气地当着客户的面狠狠批评了张鹏，气不过的张鹏也拍起桌子和销售总监大吵起来，然后摔门而去。

在后来的工作中，张鹏发现销售总监总会时不时地给自己找碴儿。当然，张鹏看销售总监也越看越别扭，厌恶感与日俱增，他甚至开始躲避对方。张鹏本想干脆辞职算了，但一想到当下就业困难，做生不如做熟，只好坚持留下来，不过在工作上他再也没有原来那么认真尽责了。

如果所厌恶之人根本就没有与我们发生过任何利益的纠葛，只是我们主观意识作祟，导致排斥、不愿接触对方，那么我们失去的就不仅仅是一个伙伴，还包括他背后所有的人脉及力量；如果对方与我们一样也有同样的感受，那么彼此间就容易产生敌意，而敌对的局面对任何一方都没有好处，张鹏的窘境就是与上司敌对的结果。不难看出，无论是哪种情况，唾弃、排斥、憎恨、远离自己厌恶之人对我们都毫无益处。

对厌恶的人，任何人、任何时候都想敬而远之，但事实上很多时候我们又不得不与他们合作，有时甚至为了达到某个目标，我们还必须和他们保持和谐亲密的关系。强迫自己对厌恶的人展露笑颜，也的确是一件非常痛苦的事情。其实，如果你不善伪装，也不愿违背心意，那么不妨试着和自己厌恶的人交朋友，让自己喜欢上对方。这样做不仅能展示你的气度、胸襟，更能化疏为亲，化敌为友。

和不喜欢的人交朋友，并不像想象中那样困难，关键在于自己的想法，只要你能克服自己的心理障碍，就没有什么做不到的。那么，如何才能把看不顺眼的人看顺眼呢？你可以从以下几点入手：

1. 站在对方的角度考虑问题，多看看对方的优点，不要紧盯着缺点不放，要学会宽容。

2. 尊重对方，关心对方，多赞扬对方。

3. 和攻击性较强的人相处时，对方的话不必放在心上。

4. 在关系僵持或恶化的时候，你一定要主动表示友好，不要碍于面子，感到难为情。

5. 不要来硬的，要投其所好。如果对方喜欢喝酒，那么就私下请他小酌几杯，以改善关系。

6. 增加接触的机会。也许你经常选择躲避这些人，但多接触对改善关系是很有帮助的。

7. 主动活跃气氛。在一起的时候，多讲讲笑话，一起乐一乐，虽然这样做可能不太容易。

8. 与不喜欢的人相处时尽量不要表现出明显的厌恶感，可以保持适当的距离，避免不必要的冲突。

9. 包容和忍让。如果你善待对方，对方还是对你不好，你要继续与对方保持友好的态度，只要心存善念，不断地付出，对方一定会有所转变。

只要掌握好与自己看不顺眼的人相处这门学问，你就能顺利打入各种交际场合和朋友圈子，成为众人之中最受欢迎的交际高手。

不怕死定律：越怕死就死得越快

俗话说，怕什么来什么。遇到困难了，无所畏惧地硬着头皮抗，反而容易渡过。若是胡思乱想，必然方寸大乱，把事情弄得一团糟。我们说不怕死，并不是要你轻视生命，跟轮回作对，而是要你形成一种心理状态，拥有“不怕死”的精神。因为敢闯敢干，是事业成功的前提。

“蝼蚁尚且偷生”“好死不如赖活着”“留得青山在不愁没柴烧”，这些话除了表达了人们对生的渴望和珍爱之外，也从侧面体现了对死的恐惧。怕死是无可厚非的，然而不怕死也没有错，有时候还是成功的必备条件。

有人说，从人的心理层面分析，社会存在一个“不怕死定律”，即越怕死，死得越快；越不怕死，反而越是死不了。通常人们会觉得，怕死是对生命的珍惜，这样的人才能活得更长久，其实不尽然。美国五星上将麦克·阿瑟将军曾经说过一句话：“只有不怕死的人才配活着！”我们不得不佩服他这种气魄。在战场上，胆小怕死的人不仅有可能临阵脱逃，还会影响士气，“一颗老鼠屎搅坏一锅粥”。在生活中也一样，如果你无所畏惧，敢于冒险，全身心投入工作和生活中去，必然会事业有成，高朋满座。做事前怕狼后怕虎，会错失良机；交友处处猜疑，不以真心相待，可能落得个孤家寡人。

有一个晚期癌症病人，还剩下三个月的生命。当她听说自己得了癌症，只能活三个月时，一瞬间被死亡的阴影笼罩。从那之后，寝食不安，忧思郁结，拿到诊断书的第七天，便一命呜呼了。由此可见，心理状态对于人的影响有多么大。这个人其实不是被癌症直接害死的，而是被癌症吓死的。他如果能够开朗一些，对生死看淡一些，反倒有可能因为情绪好多活一些时间。虽说癌症是不治之症，可还是大有得了癌症的人痊愈的案例的。有一位癌症患者听说自己得了癌症，剩余的生命不足一年了，第一反应自然也是伤心欲绝。可是在经过了几天的悲苦和冥思苦想之后，他终于从这种悲伤情绪中解脱了出来。他是这样想的，人固有一死，何必纠结于死的具体时间呢？与其整日愁眉苦脸，惹得身边关心自己的人也是愁肠千结，还不如调整好心态，勇敢面对病情，积极治疗，在剩下不多的生命里，多做对别人有益的事，同时也最后好好享受享受生活。于是他停了所有的药，把自己的全部家当都换了钱，带在身上，以前想去没去的地方，他全部逛了一遍；以前想吃不舍得吃的东西，他全部品尝了一遍；回到家之后，便整天陪着亲人，生活过得别提有多舒心了。就这样，不知不觉过了一年。他到医院去检查身体时，医生欣喜万分地告诉他，他的病已经痊愈了。

其实，与病痛做斗争，正如为人处世一样，都需要莫大的勇气做支撑。你不怕死了，死亡反而悄悄远离了。《亮剑》中新一团团长李云龙曾经这样教导自己的兵：“上了战场，你们都要拼了命给老子往前冲，你不怕死了，子弹都他娘的绕着你飞。胆小的人身上都有一股味儿，子弹就盯着这股味儿来索你的命！”有了这样的勇气，所有难题都能迎刃而解。

既然“不怕死”定律无处不在，我们便要着重修炼这种精神，可以从以下几个方面来做起。

第一，为人处世要保持一颗平常心

平常心，具体表现为一是高估或低估自己对做任何事的成功和失败的概率有准确的预测。二是既积极主动，尽力而为，又顺其自然，不苛求事事完美，有从容淡定的自信心。佛家有云，平常心即清净心。若想保持平常心，便要时刻注意自己的心理状态，内求自性，方能方寸不乱，坦然处世。

第二，要能够对自己的实力有准确的心理定位

“不怕死”也不是要白白去送命，做无谓的牺牲。“不怕死”是一种勇敢的精神，有了这样的心理状态，再辅以理性思维，缜密计划，做事必能马到功成。要对自己的能力和处境有一个准确的定位，不高估自己，也不盲目自卑。不卑不亢，才是处世王道。

第三，着眼当下，不要好高骛远

昨天是曾经的当下，未来也是那时的当下，所以，只要把握好当下，便可“以不变应万变”，做到聪明做人，成功做事。着眼当下，就是要选择一个合适的目标，并在规定的时间内完成，不依赖过去，不拿未来当借口。若是你能够专注于当下要达成的目标，不去胡思乱想，自然能够拥有一颗强大的内心。

灾祸和穷困是锻炼英雄的熔炉

历史上，不畏灾祸和穷困，在隐忍中积蓄力量，从而成就一番伟业的人物不可胜数。司马迁惨遭酷刑，却矢志不移，终于著成史学巨著《史记》，成就了“一家之言”；越王勾践卑躬屈膝，臣事吴王，忍辱负重，时刻不忘“会稽之耻”，最终复国。由此可见，大凡英雄人物，大多甘于寂寞，隐忍不发，灾祸和穷困恰恰是锻炼英雄的熔炉。

我们心理上排斥灾祸和穷困，正如我们不喜欢失败一样。然而我们在追求美好生活和有价值的人生的路上一旦迈开脚步，就无可避免地会遇到灾祸和穷困。既然无法逃避，就应该以正确的态度去面对。“生于忧患，死于安乐。”一个人在安逸快乐的环境里生活，容易陶醉在自满的精神状态中，无法自拔，丧失了继续追求理想的能力；一个人如果处于灾祸和困苦中，如果能够调整好心态，不断学习，不断努力进取，就一定能够不断进步，使得自己的生活和事业蒸蒸日上。

我们在情感上拒绝灾祸和穷困，并不代表我们畏惧它。面对突如其来的灾难，我们往往束手无策，只能以坚强的心态和钢铁一般的意志来承受剧痛和改变现状。调整心态的能力是成就大事者必备的素质。比如半杯水，乐观者会高兴地说：“我们还有半杯水喝呢！”而悲观者则会愁眉苦脸：“只剩下半杯水了，怎么办呢？”其实，有时候能否成事考验的不仅是一个人的能力，还取决于他是否能够调整好心态。

在很久以前，一位国王非常担心自己的继承人问题，因为他只有一个女儿。思前想后，他决定给自己的女儿找个德才兼备的驸马，来继承王权。他经过深思熟虑之后，觉得一国之君首先必须勇敢。于是，他告示天下，说要招女婿，适龄青年都可以参加。到了那天，全国的适龄青年从四面八方赶来。可想而知，很多人就是来凑凑热闹的。然而，当国王宣布考题时，大家都傻了眼——跳下一个鳄鱼池子里，第一个游到公主身边的人才可以做驸马。

听了这个考题，大家都犹豫了。就在这个时候，一个年轻人扑通一声跳进了池里，然后拼命向对岸的公主游去，他的身后跟着好几条鳄鱼。最终，这个年轻人有惊无险地游到了公主身边。国王看年轻人一表人才，又这么勇敢，于是便决定招他为驸马。年轻人恭敬地向国王谢了恩，然后转过身向人群怒吼：“你们这帮缺德的，谁把我推下去的？”

这则故事只是一个小笑话，然而我们却可以从中悟出一些为人处世的道理。青年人在鳄鱼池中游泳，鳄鱼便是他的“灾祸”，稍有不慎就可能被鳄鱼吃掉，他之所以能够成功，就是因为放下了心中的恐惧，勇往直前。

面对灾祸和穷困，我们隐忍不发，忍辱负重，并不代表我们畏惧它。这样做，恰恰是将它当作前进的动力。在挫折和磨难面前，我们只有迎难而上，才有可能拥有一线生机。波澜不惊的大海成就不了勇敢强悍的水手，平静安逸的生活也难以造就伟人。所以，我们每个人都应该感恩自己所遇到的每一个挫折和磨难，化压力为动力，只有这样，才能昂首挺进在坎坷曲折的道路上，让自己变得更加强大。

笑看世态炎凉，自私是人的天性之一

“世风日下，人心不古”“世态炎凉，古今如此”，古往今来，许多人都发出过这样的感慨。的确，自私自利是人的天性之一，世态炎凉本是这个社会的常态。

“世态炎凉，古今如此。”有钱有势，别人就巴结逢迎。无钱无势，人们就冷淡躲避，正如一句俗话所说：“贫居闹市无人问，富在深山有远亲。”对于那些有过家道中落由盛而衰之类经历的人，就会体会得更加深刻。

凤凰台“锵锵三人行”节目中讲了一个真实的故事。

在国内某地，有一个女司机开着一辆载着乘客的客车行驶在盘山公路上。客车上三名歹徒居然盯上年轻漂亮的女司机，起了歹心。他们强迫中巴车停下，要带女司机下车去“玩玩”，女司机情急呼救，全车乘客噤若寒蝉。只有一名中年瘦弱男子应声奋起，却被歹徒打倒在地。男子气极，大声呼吁车上乘客制止暴行，却无人响应。无助的女司机被拖至山林草丛，半个时辰后，三名歹徒与衣衫不整的女司机回来了。女司机坐上驾驶座，便对刚才那个被打伤流血的瘦弱男子说：“你下车吧，我的车不拉你！”男子一脸愕然，旋即满面怒容说道：“你这人怎么不讲道理，我想救你难道还有错吗？”“你救我？你救我什么了？”女司机矢口否认，引得几个乘客窃笑。中年男子非常气愤，恨自己没有大侠之力！救人未成，却落得被驱逐下车的结果。他继续辩解道：“再说我买票了，你凭什么让我下车啊？”女司机扬起脸无情地说：“不下车，我就不开。”没想到的是，满车刚才还对暴行熟视无睹的乘客们，却如刚刚睡醒般，齐心协力地劝那男子下车：“你快下去吧，我们还有事呢，耽搁不起！”有几位力大的乘客甚至想上前把中年男子拖下去。这样的情形让人不禁想起莫泊桑笔下《羊脂球》里的情节。

三个歹徒咧开嘴，得意地笑了。其中有个黑皮无赖竟然还不知廉耻地笑着说：“哥们儿把她玩恣了！”另外两个歹徒也胡言乱语：“她是我对象，关你屁事！”一场争吵，直到那男子的行李被人从车窗扔出，他随后被推搡下车。汽车又平稳地行驶在山路上，女司机理了一下头发，将车上的收音机打开。车快到山顶，拐过弯就要下山了，车左侧是劈山开的路，右侧是百丈悬崖。汽车悄悄地加速了，女司机双手紧握着方向盘，眼睛里淌出晶莹的泪水，然而眼神中透出坚定的神情。

一名歹徒似乎觉察到了什么，说：“慢点开，慢点开，你想干什么？”女司机并不回答，车速越来越快。歹徒企图扑上去抢方向盘，汽车却像离弦的箭向悬崖冲去……

第二天，当地报纸报道：伏虎山区昨日发生惨祸，一辆中巴车摔下山崖，车上司机和十三名乘客无一生还。半路被赶下车的中年人看到报纸哭了，谁也不知道他哭什么，为什么哭……

这则故事对每个人一定都会有所触动，乘客的冷漠，歹徒的凶恶，中年男子的无力和女司机的悲剧都能够让我们对人性有更加深刻的认知。我们现实生活中太多类似的事情，每天都在发生。“旁观者冷漠”几乎成为现代人的心理常态。俞敏洪就曾经讲述过自己的亲身经历，他在家附近遭遇歹徒抢劫，邻居没有一个出来帮忙，等到警察来了，邻居又有好多出来看热闹了。心理学家将这种形态称为：“旁观者介入紧急事态的社会抑制。”也就是说，旁观者越多，单个人采取行为的冲动便会被群体抑制，倾向于消极避祸。每个人都寄希望于别人能够站出来解决问题，自己不用承担任何风险。事实就是如此，每个人都是趋吉避凶的自私鬼，都害怕承担责任。

其实，我们每个人都应该试着去理解和接受“世态炎凉”这种社会心理常态。在人际交往中，别人褒奖你，你要分清他是欣赏你的品质，还是仅仅佩服你所取得的成就。前者可以当作真正的朋友来交往，后者一笑置之也就罢了，不要被阿谀逢迎迷失了理智判断。正如张爱玲所说：“看不起别人，也不大看得起自己。”如果一个人能够保持这种平常心，更加理性地思考问题，那么即便世态炎凉，他也能够泰然自若，不受影响。

脚踏实地努力，剩下的交给天定

俗话说：“天命难违。”在人的一生中，能够控制和掌握的永远只有一部分，若想在有限的一生中有所成就，就必须遵循自然规律。事在人为不假，也要懂得有所畏惧，“尽人事，听天命”方能摆正心态，宠辱不惊，而平常心恰是事业成功的先决条件之一。

现代社会，人们越来越现实，每个人都渴望成功，人心也变得浮躁。很多人都拥有一种“赌徒心理”，希望能够一步登天，不劳而获，事半功倍。当看到别人成功时，心理上就会不平衡。为什么你可以得到这么多，我也没比你少努力，为何付出和回报不成正比？若是我们整天将心思放在这些歪门邪道上，不仅不能够加快成功的脚步，反而会产生很多不利于自我发展的负面情绪。无数先贤曾经告诫我们，不要奢求对于幸运的特权。

渴求幸运的人往往在潜意识里将世上所有的好事都理所当然地归于自己，总觉得所有的好事都应该让自己优先享有。彩票中大奖有他一份，最好的工作要第一个考虑他，领导提拔下属，他总要排第一，免费国外旅游的机会都要让给他，等等，不一而足。这样的人一旦遇到不顺心的事，便会觉得自己受了委屈，对别人甚至对这个社会满是怨言和怒气。其实，我们为什么不能平心静气地想一想，凭什么所有好事都该归你一人所有呢？每一个人的机会相对来讲，都是对等的，那些幸运之神的宠儿，并不是因为比你长得帅，比你有后台，更多时候，他们跟你相比的优势就在于，保持一颗平常心，不断努力提升自己的实力。

诸葛亮六出祁山之前，文官谯周曾经劝他不要贸然兴师伐魏。当时魏国的实力在蜀国之上，蜀国本应当整饬内政，给军民休养生息的时间，稳固住自己的立业之本，然后徐图进取。诸葛亮不听谯周的劝谏，六出祁山，无功而返。最终，五丈原将星陨落，霸业未成身先死。其实，诸葛亮又怎能不清楚蜀国和魏国的实力对比？然而，他追思先帝知遇之恩，每次想到自己身上肩负着先帝的托孤之重，便不得不积极进取，以求早日完成先帝遗愿。诸葛亮曾经将司马懿困在上方谷内，用干柴截断谷口。司马懿进退无路，在几乎绝望的时候，突然间狂风骤起，大雨倾盆而下。司马懿趁机率领手下将士冲出重围，逃出生天。诸葛亮在高处眼睁睁看着司马懿脱困，无计可施，于是仰天长叹，“谋事在人，成事在天。不可强也！”

诸葛亮堪称三国时期“第一将才”，其文才武略不在姜子牙、张子房之下。然而，奈何生不逢时！诸葛亮做了最大的努力，希望能够完成先帝的遗愿，然而，天命难违，最终也未能成就霸业。雄才大略如诸葛亮者，尚且畏惧天命，何况我等？

“谋事在人，成事在天。”一语道破历来成败的玄机。我们渴望成功，所以在困难面前不屈不挠，在日常琐碎工作面前，我们不抱怨，脚踏实地地做事。然而，努力和奋斗加起来不等于成功。若想成功，还需要一颗宠辱不惊的平常心。正如徐志摩所说：“得之我幸，失之我命。”

所谓尽人事，可以理解为尽一切人力所能为之事。一切都准备好了，就可以让心平静下来，唯有平静的心才可以在遇到纷扰的局面时冷静面对。有时候就要笃信一切已有注定，是成是败，唯有天知，不要过分苛求，不自责，也不抱怨别人。所谓听天命，就是要在成败有定论的时候，保持一颗平常心。当一切尘埃落定，胜利者不必炫耀自己的成就；失败者只要付出了努力，也不要沮丧、失落。

第3章

多点儿处世智慧，就不会处处碰壁

人生处处充满坎坷，只有多点儿心机，才不会步入死胡同，没有退路，找不到出口。相反往往会发现柳暗花明、四处通达，不仅有路可走，还有更好的路选择。

用出世的态度，来做入世的事业

胡文英这样评介庄子："庄子眼极冷，心肠极热。眼冷，故是非不管；心肠热，故悲慨万端。虽知无用，而未能忘情，到底是热肠挂住；虽不能忘情，而终不下手，到底是冷眼看穿。"这是一种高超的处世哲学，需要我们用一生去领悟。

现代人经常会说，要用出世的态度，来做入世的事业。入世，就是要把现实生活中的恩怨、情欲、得失、利害、关系、成败、对错等作为行事做人的基本准则。一个人如果入世太深，久而久之，就可能陷入繁琐的生活末节之中无法自拔，把实际利益看得过重，注重现实，囿于成见，难以超脱出来冷静全面地看待问题，这样的话就再也难以有大的作为。在这种时候，就需要有出世的精神。出世，就是要尊重生命，尊重客观规律，既要全力以赴，又要顺其自然。凡事"尽人事，听天命"，不放弃，不苛求。以平和的心态对人，以平静的心态对事。站得高一些，便会看得远一些，对有些事情淡然处之，才能排除私心杂念。以出世的态度去做入世的事情，就会事半功倍。

从另一方面看，一个人生在世上，如果只是一味地出世，一味地冷眼旁观，一味地看不惯，一味地高高在上，一味地不食人间烟火，而不去做一些实际的事情，也只能落得个"白了少年头，空悲切"。这就好像自己揪着自己的头发想要脱离地球一样，岂不可笑？很多人以为儒家主张入世，佛家和道家主张出世，其实也不尽然。就拿道家的始祖之一庄子来说吧，他又何尝不是入世呢？唯有能否定，才能肯定，丢掉那些微不足道的小事，才能专心致志做一番大事。庄子的眼是冷的，正是因为他的内心火热。为了深入这个世界，他必须先走出去追求至真之理，这便是道家的处世哲学。

庄子的妻子去世了，他很平静地为她料理后事，不悲不喜。邻居都很奇怪，如果是别人遇到这样的情形，肯定都捶胸顿足，嚎啕大哭。于是，有好事者问庄子，“你老婆死了，难道你不伤心吗？为什么不见你哭呢？”庄子回答说，“生死有命，富贵在天，这些都不是人力所能够左右的。数十年前，这个世界上本没有她，现在她又走了。她从虚无中来，现在回归虚无中去，她只是回到了她该去的地方。正如一个远行的游客，身心疲惫，回到了家乡。我妻子只是回家了而已，有什么好伤心的呢？”

不是每个人都能够做到像庄子那样超脱的，然而我们却可以从中体会到一种强大的心灵力量。庄子固然爱他的妻子，然而他懂得化解这种悲伤情绪。生老病死乃天数，岂为人力改变！妻子去世已成事实，即便悲天怆地，痛不欲生，于事何补？正是这种以出世精神看透入世之事的大智慧，让庄子释然了，摆脱了妻子去世的悲伤和痛苦。

出世是为了更好地入世；入世是为了更好地出世。人活着就要谋生，要做事，不论是为自己，还是为社会，都不能有半点虚妄。太阳每日早晨从东方升起，傍晚又从西边落下，人生苦短，绝不能虚度光阴。入世常常是无奈的，人从母体中降生，发出第一声啼哭之时，便已经别无选择地入世了。然而，面对艰难的世事和无常的命运，人们又希望有一种精神层面的寄托。这种寄托，便是出世精神。以出世之精神做入世之事，人们面对困难和挫折时，便能够更加坦然。

著名歌手李娜在歌唱生涯的高峰期急流勇退，很多人都很惊讶。在面对记者的提问时，李娜说："我把尘世中的烦恼和过去名利场的经历、成绩、荣誉、教训全都抛诸脑后，我寻找原本蕴藏在我们每个人心灵之内的那么一种清静的觉醒，那么一种安宁的本性的冲动，然后潜下心来，慢慢领会自然与人类生来即已具有的和谐与真谛。"我们回顾李娜的经历就会发现，她出家是为了寻求一种心灵的充实。入世和出世原本是相辅相成的，出世也是为了体悟人生的大智慧，最终实现更好的入世。

"小隐隐于山，大隐隐于市。"真正的隐士既是皈依平凡、甘于平淡的淡泊者，也是逃避现实的脆弱者。即便如此，他们超凡脱俗的情操，却又是我们应该佩服和欣赏的。在纷扰无常的世间，我们如能"以入世的精神做事，以出世的精神做人"，便一定能够放平心态，宠辱不惊。那么，我们的事业必将更加成功，人生也一定更加精彩！

人至察则无徒，做事别太较真

世间万物并非如溪水般清澈见底，人之见地亦不可能完全统一，待人、遇事有时不得不糊涂度过。

《大戴礼记·子张问入官》中记载着这样一句话："水至清则无鱼，人至察则无徒。"意思是说，池水过于清澈，鱼就难以生存；人过分苛察，就没有伙伴，没有朋友。世界上，无论清理得多么光洁的物件，在显微镜下都满是细菌；无论多么平坦的镜子，在高倍放大镜下都会变得凹凸不平。试想一下，若我们整日拿着显微镜去观察生活，恐怕连饭都不敢吃了；若我们整日用放大镜去看别人身上的毛病，恐怕人人都满身缺点、无可救药了。

有这样一个故事：

孔子带众弟子出游，走了许久，又累又饿，正巧看到一个酒家，孔子吩咐一个弟子去向老板要点儿吃的。这个弟子走过去对老板说："我是孔子的学生，我们和老师走累了，能否给我们点儿吃的？"老板一听是孔子的学生，便想出难题考一考他，说道："既然你是圣人孔子的弟子，肯定智慧不凡，我写个字，如果你认识的话就随便吃。"弟子心想这个荒野小店的老板能认识几个字，于是满心欢喜地答应了。

老板在纸上认认真真地写了个"真"字。弟子想都没想就说："这个字太简单了，'真'字谁不认识啊！"老板大笑道："错。你连这个字都不认识，还敢冒充孔子的弟子。"然后吩咐小二将其赶出酒家。孔子见弟子两手空空、垂头丧气地回来，问明原委后，亲自去酒家理论。孔子对老板说："我是孔子，我的弟子才疏学浅，我能否看一下那个字呢？"老板说："当然，如果你认识这个字，东西随便吃。"老板将字递给孔子看，孔子捋了捋胡子说："这个字念'直八'。"老板大笑："果然是孔子，你们随便吃。"弟子不服，追问孔子："这明明是'真'，老师为什么念成'直八'？"孔子说："为人处世，无须事事认'真'，你非要认'真'，焉不碰壁？"

圣人孔子教导弟子的话道出了智慧的处世之道。为人处世，只有遵循求大同存小异的心态，有肚量，能容人，才会有越来越多的朋友，才能够左右逢源，诸事遂愿；相反，如果凡事"明察秋毫"，无论什么鸡毛蒜皮的小事都要辩个黑白对错，论个是非曲直，那么定会令周围的人避之不及，最后只能关起门来，顾影自怜了。

认真是一种品德，是成就事业、取信于人的重要因素，但如果不分情况，事事认真以待、苛求至察，那么认真就会变为较真。认真与较真，一字之差，内涵却相差很多，或许郑板桥的“难得糊涂”是对认真与较真区别的最好阐释。世间万物并非如溪水般清澈见底，人之见地亦不可能完全统一，待人、遇事有时不得不糊涂一点。“水至清则无鱼，人至察则无徒”绝非是文人凭空臆造，而是对纷纭人世的总结。这种经验式的实用主义在当今社会中依然闪烁着智慧的火花，这也是“糊涂”的生命力所在。

较真是一种性格缺陷，是人心胸狭隘的表现。古今中外，但凡成功人士无不是胸襟广阔，不骄不躁，处事沉着，谦恭而不张扬，冷静而不失措，对小人的嘲讽谩骂也能够泰然处之，凡事存一颗宽容之心，不过分苛求、过分较真。生活需要的是弯曲艺术，做人做事也需要一点儿弹性。认真做事并无过错，但如果太过认真，陷于较真，钻入牛角尖，就得不偿失了。事实上，真正做到不较真、能容人，也并非易事，除了需要有良好的修养之外，还需要善于从对方的角度设身处地地考虑和处理问题。

总是拿着显微镜、放大镜观察生活的人，只会过多地看到阴影、忧郁和消极的一面，而阳光、快乐、积极的一面往往会在不知不觉中被忽略。不妨省去较真的时间和精力，去做自己喜欢的事、值得做的事，这样我们才会更成功，才会交到更多的朋友，才会生活得更快乐、更精彩。

世上的许多人、许多事，根本没有必要搞得那么清楚，难得糊涂才是智者的处世之道。多一些体谅和理解，就会多一些宽容、多一些和谐、多一些友谊。所以请切记：人至察则无徒，做事别太较真。

遇事变通，不要总是直线思考

人要学会变通，凡事不能太死板，具体问题具体分析，并且不要让自己被经验主义所束缚，要摆脱习惯性、直线型思维的限制。

《周易》中有这样一句话："穷则变，变则通，通则久。"意思是事物处于穷尽局面时则需要变革，变革后才会通达，通达就能长久。从这句话中，中国老百姓摘得了两个字，即"变"和"通"。的确，"变""通"二字合起来更能够表达其实用主义，它告诉世人遇事不要死钻牛角尖，不要总是直线思考，而应懂得通融，学会屈伸。

有这样一个故事：

两个樵夫一同上山砍柴，当他们准备满载而归时，意外地发现了两大包棉花。两人喜出望外，因为棉花价格高过柴薪数倍，如果将这两包棉花卖掉，足以供一家人一个月的衣食。于是，两人各自背了一包棉花，美滋滋地向山下走去。

走着走着，其中一个樵夫眼尖，看到树下有一个大布袋，走近翻查，布袋里竟是上等的细麻布，足足有十多匹之多。他欣喜之余，和同伴商量，放下棉花，改背麻布回家。然而他的同伴却不同意，认为自己背着棉花已走了一大段路，现在丢下棉花，岂不枉费先前的辛苦，因此坚持不肯丢下棉花。发现麻布的樵夫屡劝同伴不听，只好自己背起麻布继续赶路。

又走了一段路，背麻布的樵夫望见泥土中闪闪发光，待走近一看，地上竟然散落着数坛黄金，他心想：这下真的发财了，黄金要比棉花、麻布值钱得多。他赶快邀同伴放下肩头的棉花，改用挑柴的扁担挑黄金。他的同伴仍以枉费辛苦为说辞，不愿丢下肩上的棉花，并且怀疑那些黄金不是真的，劝他也不要白费力气，以免最后空欢喜一场。就这样，发现黄金的樵夫只好自己挑了两坛黄金。

临近山下时，天空突下急雨，两人在空旷处被淋得湿透了。更不幸的是，背棉花的樵夫背上的棉花因吸饱了雨水，重得完全无法再背起来，于是他不得不丢下一路辛苦舍不得放弃的棉花，空着手和挑着金子的同伴回家了。

成功学中有这样一句名言：没有做不到的事，只有不会变通的人。有些时候，人的大脑犹如一所监狱，在不经意间禁锢了思维。试想，那个认为放下就是枉费之前的辛苦、始终不肯舍弃棉花的樵夫能够变通一下，改变思路，就不会落得两手空空的结果了。

坚持是一种良好的品性，但在有些事上，过度的坚持只会导致更多的浪费和更大的错误。当今，知变与应变的能力不但是一个人的素质问题，同时也是考察一个人办事能力高低的重要标准。

刘娜和鲁昕是一起进入公司的新人，一次公司派遣二人跟某网站谈合作问题。公司准备在网络上宣传自己的公司及产品，网站报价是3000元/年。临行前，老板告诉二人价格报价肯定有回旋的余地，建议2000元/年。

谈判期间，刘娜把价格谈得特别“死”，更说出“如果2000元/年不行，那我们公司以后再不找你们网站合作了”这样的话。鲁昕很为难，眼看谈判将要陷入“僵局”，就用商量的口吻对对方说：“价格我们可不可以再商量一下，毕竟是长期合作。但我也得先回去与领导商量一下，毕竟领导才是决策人，我会尽快给您回复。”

回到公司后，鲁昕把事情经过向老板汇报了。老板称赞鲁昕初入职场就有卓越的变通能力，在此次谈判中为彼此都留下了回旋余地。最后老板要求刘娜好好向鲁昕学习。第二天，老板重新估测了价格，把谈判的重任交给了鲁昕，而刘娜则被安排了其他工作。

世间万物，没有变化就没有生机，没有变化就没有发展，没有变化就没有未来。生活犹如一条长河，当“山穷水尽”时，就要学会随机应变，另辟蹊径，这样才能“柳暗花明”。总之，涉世未深的人在为人处世时一定要学会变通，学会适时放弃毫无意义的固执，从而让变通成为快乐的源泉，引领你们向幸福进军；让变通成为你们成功的双翼，引领你们向成功起飞。

肚子里要能搁得住事

每个人内心深处都会藏着一些秘密，它们处在人们心灵最柔弱、最隐蔽的地方。秘密是人们不愿意让他人知道的，若你偏偏要将它抖出来，甚至添油加醋地渲染一番，那么你在获得内心快感的同时，却会失去朋友的信任。

单纯的人往往有一个共同的毛病：肚子里搁不住心事，心中的喜怒哀乐总想找个人谈谈，更有甚者还会不分场合、时间、对象就向对方推心置腹，把自己的心事都说出来。虽然与他人分享快乐与苦恼并不是什么坏事，但值得注意的是有些话不能随便对人说。

紫苑在一家网络公司上班，因为公司的老板是父母的朋友，所以老板对紫苑格外关照，除了支付给她高额的薪酬外，公司还专门给她提供了一套住房。不过老板怕其他同事知道后会影响工作情绪，所以再三叮嘱紫苑要保守秘密。

工作后的紫苑，不仅待遇好，还经常与公司的高管平起平坐，指点江山，同事们对她更是羡慕不已。紫苑心理上的优越感与日俱增，一天，她的脑海里浮现出这样一个想法：如果能让同事们知道我与他们的待遇不同，他们不是会更加羡慕我吗？于是在一次同事聚会中，紫苑几杯酒下肚后，借着酒意试探性地向关系要好的同事讲了自己的情况。看着同事们那一双双瞪得溜圆的眼睛，紫苑的虚荣心得到了极大的满足。之后在虚荣心的驱使下，她又将自己的秘密告诉了很多人。

不久后，紫苑被老板叫去谈话，结果她收到了老板的辞退信。老板说：“上班之前我就与你说过了，这是你我两个人的秘密，没想到你到处宣扬，如此一来，员工肯定不服。现在我真的很难让你再留在这里了。我与你的父母沟通过了，他们对此也没有异议。”紫苑虽心有不甘，但深知是自己的过错，只好收拾东西离开了。

说心里话时一定要有“心机”，对待不同的人和事，该说则说，不该说的话一定要咬紧牙关，否则，就会像上面故事中的紫苑一样，为自己的口不择言付出相应的代价。

其实，对于大多数人来说，都能够守住心中的秘密，而在替他人保守秘密方面则逊色许多。秘密之所以称为秘密，就是因为它会触及人内心深处，是不愿意让他人知道的。若你偏偏要将它抖出来，甚至添油加醋地渲染一番，那么你在获得内心快感的同时，却会失去朋友的信任。

刘勇和赵鹏从中学起就是无话不谈的好朋友，两人关系一直融洽亲密，现在两人还在同一家公司工作。一次，刘勇闲谈时向同事小周道出了赵鹏一个不为人知的秘密。原来赵鹏年少时与人打架，砍伤了对方，结果被判了两年，从监狱出来后，赵鹏奋发图强，努力学习，考上了大学，后来在刘勇的推荐下进入到这家公司。

在刘勇将赵鹏的秘密告诉小周后不久，恰逢公司裁员，小周和赵鹏在同一个岗位，而这个岗位要精减掉一个人。论实力，赵鹏要比小周略胜一筹，但偏偏在这时"赵鹏是劳改犯"的消息却在公司流传开来，各位同事，包括老板对赵鹏的印象大打折扣。当然，谁也不愿意和一个劳改犯共事，于是赵鹏被解雇了，小周留了下来。

赵鹏心想：自己的秘密只有刘勇知道，一定是他传播的。于是满心怒火的赵鹏找刘勇理论，就这样，在激烈的言语冲突中，两人多年的友谊就此破裂了。

圣人孔子曾说过这样一句话："君子坦荡荡，小人长戚戚。""戚戚"一词用得是何等传神，我们似乎能看到在黑暗的角落里，一个个贼眉鼠眼、交头接耳者的形象。试想，如果你以这样一副模样出现在朋友的脑海里，谁还会支持你、帮助你、提携你？估计大家只会对你避之不及了。每个人都有自己的过去，都可能有不愿被人触及的"伤疤"。朋友之间，无论感情多么深厚，关系多么亲近，都不能轻易把朋友不为人知的秘密告诉他人。

如果你不想给自己招惹麻烦，不想失去他人对你的信任，不想失去你十分珍惜的友谊，那么就好好管住自己的嘴巴，不要逞一时口舌之快，学会把心事搁在肚子里。

以责人之心责己，以恕己之心恕人

“严于律己，宽以待人”，是为人处世的大智慧。严于律己，做事认真，待人真诚，对自己严格要求，才能成就事业；宽以待人，不计较别人的过错和不足，有容人之心，才能不断积累人脉资源，为事业的成功铺路。

“严以律己，宽以待人”是中华民族自古以来的优良传统，也是几千年来先贤总结出来的处世哲学。孟子曾经说过：“爱人者，人恒爱之；敬人者，人恒敬之。”一个聪明人，在和别人相处的时候，由于能够真心爱护别人，尊敬别人，自然也能够得到别人的关心和尊重。对自己要求严格，对别人不苛刻，两者是相辅相成、缺一不可的。

净空法师曾经说过：“谁是真正的有福之人？所谓‘严以律己，宽以待人’，这样的人才有福。”他还说：“喜欢归罪于人，是一种缺乏勇气的态度，以及懦弱的表现，人人都应时时具备一颗了解责任与反省的心。”

三国时期，曹操在带领将士出征时，命令禁止扰民。有一次出征，正值秋收时节。曹操的战马因为受惊，冲入麦田，踏坏了一片稻田。曹操为了服众，拔出所配之剑，斩下自己的一缕头发，以明军法，于是众官兵无有不服者。曹操势穷时，有许多将领与敌人通谋以自保。后来曹操回到许都，与谋臣议定赏罚时，将这些将领的罪过一概赦免。谋臣程昱非常不解，曹操解释说：“当时几乎陷入绝境，连我自己尚且不能自保，如何要求众将士死命相随！”听到这样的解释，程昱拜服。那些临危之时行为不端的将领听到之后，更加死命效忠曹操了。

“严于律己，宽以待人”不仅是一种高超的谋略，也是日常工作和生活中经常能够用到的处世智慧。我们处在一个个性张扬的时代，每个人都有很强的个体意识，每个人都有自己为人处事的行为方式和习惯。所以，人与人之间的关系表现得非常复杂，尤其是朋友同事之间，相处时间长，抬头不见低头见，关系处理起来更加微妙。严以律己，宽以待人，是和他人处好关系的关键所在。

“只有节俭可以培养廉耻，也只有宽恕才可以做到仁德。”世人教育子女待人接物要“严于律己，宽以待人”，然而要真正做到这一点，却不是那么容易。原因在于一般人往往只看到世间的不满、不美好，就会觉得不满意、不舒服，嗔恼的心就显现起来，就想责怪别人、教训别人。当局者迷，旁观者清。即使再愚笨的人看别人的是非过失，都能看得清楚、说得明白，但是聪明的人要反省自己的问题所在，却是糊里糊涂、十分困难。因此，修养提升的关键就在于能够“以责人之心责己，以恕己之心恕人”。当你看到别人的问题时，正好可以用来提醒自己不要做错，如果我们能够这样要求自己就容易进步。往往我们原谅自己很容易，要原谅别人却很困难，能够把原谅自己的心拿来原谅别人，能够长期坚持这种做法，就可以不断地提高自身的修为。

严以律己，就是要严格要求自己，平易近人，和蔼和亲，要时刻反省自己，提醒自己，尊重别人，推己及人，要遵守“己所不欲，勿施于人”的原则，为人处事要三思而后行；宽以待人，则是要得饶人处且饶人，只要不是原则性的问题，就别求全责备，别人有缺点，我们也要尽可能地容忍。“人非圣贤，孰能无过”，既然如此，我们就要学会去理解、去宽容。为人处世的要点就在这里，以责人之心责己就会减少很多过失，以恕己之心恕人就可以得人心，维护良好的人际关系。

“严以律己，宽以待人”既是一种待人接物的态度，也是一种高尚的道德品质，它能够化解人与人之间的许多矛盾，增强人与人之间的友好情感。同时，一个人如果能够养成“严于律己，宽以待人”的优良品德，就一定可以在同他人的相处中，严格的要求自己，宽恕地善待他人，不断地提高自己的思想境界，得到大家的尊重和认可，而这种心理状态恰恰是积累人脉的基石，也是事业成功的保障。

红脸白脸都会唱，处事两边不得罪

从世俗的眼光来看，“变脸如翻书”缺乏一种人与人交往的真诚，但从实际的情况来看，随环境的变化而变脸，正是一种圆融处世的姿态和策略。

京剧是中国的国粹，博大精深，趣味无穷。京剧演员在演绎各种不同人物时，会在脸上涂上特定的谱式和色彩以寓褒贬，其中红色表示忠勇，黑色表示刚烈，白色表示奸诈……所以人们常常借用京剧脸谱的红脸白脸来寓指关系学中人的各种姿态。当然，关系学中的红脸白脸的寓意要比京剧演员的脸谱复杂得多，且运用起来也颇具技巧。

人际交往，谈判交涉，官场商场，一味地扮红脸，虽然会减少与人产生摩擦的概率，但同时也会给人一种软弱无能之感，易被人欺侮；而若总是一副黑脸强硬或白脸奸诈，那么又会造成对立、处处受阻，最终使人际关系恶化。可见，任何一种单一的模式只能解决特定问题，并不可避免地产生副作用。因此，要学会见机行事、亦刚亦柔，红脸白脸都会唱，这样处事才能圆通。

唐朝时期，朝廷对官员的选任有着严格的程序，即便科举得中，还要经过吏部的重重考选，吏部侍郎一职就掌握选考官吏的大权。李林甫任吏部侍郎时，表面看去一副正直不阿的模样，但事实上，暗地里他干过许多作奸犯科的事情。

吏部每年考选官吏都会放榜公布。一次在放榜前，玄宗的弟弟宁王暗地给李林甫一份名单，上面列有十个人名，宁王要求他以此列榜放官。显然，这样做是不合国法的，但李林甫置国法于不顾，反而认为这是攀附宁王的机会。他接过名单，心中大喜，但脸上却装出一副为难的样子，叹口气说："王爷定知这事不易办，且一下子开出十个人来！"其实李林甫心里可不这么想，他暗自道："别说十个人，二十个人我也给你办。"

没等宁王有所表示，李林甫又继续说道："不过，既然王爷把这件事交给我，就说明王爷信任我、抬举我。王爷厚德载物，为王爷办事，我定当全力以赴。"听了这番话，宁王当然高兴，在他那尊贵的脸上，露出对李林甫认可的神色。李林甫又从这一神色中盘算出另一个主意，说："王爷，为了维护朝廷的法纪，也压压别人借机行私，您能否从这十个人中挑出一个人，让我当众驳回，留到下次列为榜首。"李林甫在说这些话时，把内心的奸诈完全隐藏起来，表现出的是一副忠诚、恭顺的模样。宁王很是高兴，听取了李林甫的建议，并大为赞赏。

出榜那天，李林甫当众说："日前有人托宁王说情，这败坏朝廷选官秩序，我不能容忍，故此人不可选用。"话音刚落，众人惊叹，并相互传说："李吏部连宁王的面子都敢驳，真是一位正直清明的好官。"不久，此事就传到玄宗耳中，龙颜大悦，夸奖李林甫说："朝中有如此大臣，真是国之大幸。"

“变脸”是一种圆融的处世姿态。李林甫徇情枉法，却能隐奸伪忠，镇服朝野，讨得了宁王和玄宗的欢心。可以说，李林甫把红白变脸戏法演绎到了相当境界，让人真伪难辨，的确是一个“变脸”高手。

如何才能在纷繁复杂的社会关系中唱好“红白脸”呢？重要的是能够见机行事，可刚可柔。例如，你可以说“单口相声”，一会儿红脸，一会儿白脸，扮红脸做好人可用来给人台阶，圆满收场，扮白脸做莽汉可杀灭对手威风。你也可以“演双簧”、说“对口相声”，与他人一唱一和地让对手如坠雾里。扮白脸者先给对手造成压力，构成威胁，然后由红脸出场取得满意的结果。

从世俗的眼光来看，“变脸如翻书”缺乏一种人与人交往的真诚，但从实际的情况来看，随环境的变化而变脸，正是一种圆融处世的策略。在复杂的社会中，若无变脸的功夫，那么就很难与不同性格、身份的人相处。记住，唯有唱好红脸白脸，才能左右逢源，处事圆通。

礼多人不怪，送礼有道好办事

求人送礼，不能盲目鲁莽，以礼压人，一定要了解对方的兴趣，有的放矢，并把握时机，巧妙安排。如果对方接受了礼物，办事往往也就十拿九稳了。

中国素以“礼仪之邦”著称于世，中国人对“礼尚往来”更是十分重视。这里的“礼”在古时更多是指礼貌、礼节，而在当今，这个“礼”字作为礼物、礼品一意来解释似乎更能被世人所接受。

中国自古以来就是一个讲究有“投”必有“报”，有“来”就有

“往”的国度。《诗经》中就有这样一句话：“投我以木桃，报之以琼瑶。”在社会交往中，赠送礼物早已被人们看作十分平常的事情：朋友相处一段，赠送礼物，加深友谊；情侣相处一段，赠送礼物，表示对对方的肯定与关心；同事相处一段，赠送礼物，拉近距离，减少隔阂。事实上，送礼不仅是寻常百姓人际交往的技巧与手段，团体之间、国家之间也常常用馈赠礼品来加强联系，增进感情。例如一国元首出国拜访，总是会带些国礼赠送给拜访国的元首。在临别时，被拜访国的元首也总是会回礼于访问者，以示感谢和友好。可见，小到个人与个人，大到国家与国家，“礼尚往来”无处不在。然而遗憾的是，大多数涉世未深的人往往很难把握好这个“礼”字。

赵鹏初到公司，对同事们热情有礼，勤奋好学，大家对他的印象都很不错。为了博得更多人的喜爱，赵鹏准备实施他的“以礼赢心”计策。首先，赵鹏送给邻桌女同事一张内衣的代金卡。女同事看了看赵鹏手中的代金卡，不禁又看了看自己平坦的胸部，然后表情别扭地接过了卡片。接下来，赵鹏将自己上学时用过的一些计算机书籍送给了年龄稍长一些的张姐，原因是张姐前几天被经理批评不会使用办公自动化软件。张姐接过赵鹏送来的书籍时，虽满脸笑容，但心中却很不高兴，心想：“你是在嘲笑我不会用计算机吗？”最后，临近下班时，赵鹏拎着两瓶好酒走进了经理办公室，经过短暂的交谈后，赵鹏又拎着酒悻悻地走了出来，经理并没有“笑纳”。

赵鹏的计策是失败的，因为从这以后，邻桌的女同事很少与赵鹏说话了，连视线都很少朝向他；张姐将书放进了抽屉，从来没有翻看过，此外，她经常会对同事们说赵鹏太自负；而赵鹏在众目睽睽之下给经理送礼后，同事们对他更是议论纷纷，“拉关系”“马屁精”的绰号也接踵而来，经理对赵鹏的态度也大不如前，认为赵鹏很不会处事。不难想象，赵鹏今后在公司中难有立足之地。

虽说“礼多人不怪”，但并非所有的礼都能恰到好处地令对方高兴，甚至还会出现送不出去的情况。故事中的赵鹏正是因为选择了不合适的礼物和错误的送礼时机，反而让自己备受冷遇。

熟知送礼学问的人往往能八面玲珑，呼风唤雨；相反，即便礼至门上，也会被拒之千里，这不但是花钱不讨好，还有可能贻误大事。“如何送礼”是人情礼仪中很难掌握的学问。这门学问，父母没授，学校没教，同事领导也没明说，全凭自己去摸索、去掌握。

常言道：“礼不在多，达意则灵；礼不在重，传情则行。”其实，送礼讲究的是能够因人、因事、因时、因地、合理恰当。一般来说，对家贫者，以实惠为佳；对富裕者，以精巧为佳；对恋人、爱人、情人，以纪念性为佳；对朋友，以趣味性为佳；对老人，以实用为佳；对孩子，以启智新颖为佳；对外宾，以特色为佳。此外，给老人不能送钟表，给夫妻或情人不能送梨，因为“送钟”与“送终”、“梨”与“离”谐音，不吉利。还有，不能为健康人送药品，不能给异性朋友送贴身的用品（除爱人外）等。另外，我国有“好事成双”一说，因而所送之礼均好双忌单，不过通常人们会忌讳“4”这个偶数，因为在普通话中，“4”听起来就像是“死”，同样不吉利。

对于不同事情、不同场合，送礼也大有讲究。鲜花和水果最适合去探望病人。祝贺主人乔迁之喜的礼物则可以是生活用品，也可以是食物、常青植物，但要注意的是，送生活用品不宜送刀、剪等利器，还有睡衣、浴衣等隐私物。受邀到朋友家做客一定要带些小礼物，空手拜访是失礼行为，但礼物无需过于贵重，否则反而会成为朋友的负担。出差、旅行回来后可以给同事带些礼物，但同样要避免送重礼和表示亲密关系的物品，如口红、刮胡刀等。给上司送礼时，档次要比给同事的礼物稍高；如果给领导和同事都送礼物时，也可在公开场合给领导赠送礼物。但如果是为过节、婚礼、升迁给领导送礼，就不应该在公开场合，最好约好后送礼上门，不方便时也可由第三方送。

送礼是表达心意的一种形式，是一种诚挚的感情交流，是发自内心的赠与，是感情的物化。送礼看似很简单，却是一门很有讲究的学问，其中包含了很多道理和知识。送礼不只是一种礼尚往来，更重要的是，通过这种方式能够把我们所需表达的感情送到他人的心坎儿里，从而达到增进友谊、互相关怀的目的。

我们生活在一个讲“礼”的环境里，如果不讲“礼”，不懂“礼”，那简直就是寸步难行。求人办事要送礼，联络关系要送礼，只有懂得以礼服人，学会以礼赢心，才能在纷繁复杂的社会关系中赢得一席之地。

亏吃在表面，便宜占在暗地

亏一定要吃在表面，否则你吃了亏，别人不知道，自然也不会领情。只有让对方清楚你的损失让他受益了，他的内心才会愧疚，才会觉得有负于你，才会在你需要帮助的时候毫无顾忌地伸出援手。

海纳百川，有容乃大。与人相处时，多一分忍让，就多一分收益；多一分吃亏，就多积一分福泽。吃亏是福。以吃亏来交友，以吃亏来得利，是有战略眼光者的处事原则，也是高明者智慧的体现。

然而，亏不能乱吃、不能白吃，要掌握一定的方法和技巧。如果为了息事宁人去吃亏、吃暗亏，那么就可能落入“哑巴吃黄连，有苦说不出”的窘境。孙权就曾犯过这样的错误。他为了收回荆州，假意让自己的妹妹嫁给刘备，结果在诸葛亮的巧妙设计下，孙权不仅赔了妹妹，还折了兵，最后荆州依然在人家手里。所以说，吃亏要吃在表面，吃在明处；相反，便宜则要占在暗地。

有这么一个故事，讲的是有两个邻居，一个叫纪伯，一个叫陈嚣。一天夜里，纪伯偷偷地将隔开两家的篱笆向陈家移过去了一丈，以便让自家的院子宽敞一些。恰好这一幕被陈嚣看到了。陈嚣不动声色地在暗处观察，等纪伯走后，他索性将篱笆又往自己这边多移了一丈，使纪伯家的院子更加宽敞。早上起来，纪伯发现自家的院子明显大于陈家，很是愧疚，不但归还了侵占陈家的地方，而且还将篱笆往自己这边又移了一丈多。

很明显，陈嚣知道自己吃了亏，但是他并没有计较，且又让出了自己的利益。陈嚣的豁达让纪伯感到愧疚，认为自己欠了陈嚣一个人情，于是主动把地方还回去了。此外，每当纪伯想起这件事时，都会内疚，因此在此后的交往中尽量谦让陈嚣，以免自己有失于人。

吃亏，看上去是你的利益受损，别人获益，但吃亏让你成了施者，朋友便亏欠于你。可以说，在情感的天平上，吃亏者无形地为自己增加了一个筹码，而这个筹码比获得金钱、财富更为重要。上面的故事中，陈嚣的亏就吃在了明处，从而使获益者纪伯深感欠陈嚣一个人情，于是在此后的交往中礼让陈嚣。

学会吃亏会让你在自己的朋友圈中显得豁达、宽厚；学会吃亏会让你收获更多友情；学会吃亏会让周围的人心甘情愿地帮助你，为你办事。

一次，成龙在加拿大拍戏时不慎伤了左脚，助手连忙把他送到附近一家医院诊治。由于医院里排队挂号的人比较多，助手非常着急，便拿出电话想找人帮忙，成龙连忙阻止，要求按顺序排队。医院大厅人头攒动，声音嘈杂，谁也没有注意到一身灰尘、乔装打扮的成龙。

终于轮到成龙挂号，这时一个中年男子没有征得同意，便擅自插队到成龙前面。助手气愤不已，欲上前理论，却被成龙拉住。中年男子对周围人的愤怒视而不见，挂完号便自顾自地坐在椅子上等。成龙微笑地告诉助手不要计较，助手则认为巨星成龙可能是怕暴露身份引起不必要的麻烦。

为了尽快就诊，一位助手早早地就跑到候诊室排队。等成龙在助手的搀扶下来到医生办公室外时，发现刚才那个插队的中年男子坐在他旁边。这时，医生说："下一个！"助手起身准备扶成龙进去，成龙却微笑着对身旁的那个中年男子说："先生，您先请。"

成龙主动让号，让助手很是不解，一旁的人更是迷糊得很。只见那个中年男子尴尬地坐在那里，脸色通红，站也不是，坐也不是。这时候，一位医生走了过来，问道："谁是成龙？"大家很吃惊，成龙不是中国著名的功夫明星吗？医生走到成龙身边，说："如果我没有猜错的话，您就是成龙吧，我是这家医院的院长约翰·逊。"原来，医生看没病人进来，就翻查挂号单，发现单子上面居然写着成龙的名字。他恰好是成龙的影迷，透过窗户，认出了乔装打扮的成龙，于是告诉了正在检查工作的院长约翰·逊。

院长约翰·逊对大家说："各位，你们知道这家医院的名字叫什么吗？没错，叫'成龙医院'，其实这家医院正是成龙先生捐建的。让我感动的是，他来看病竟然也排队！"这时旁边那个负责派单子维持秩序的小护士凑上前去，跟院长约翰·逊低语了几句。约翰·逊面露惊讶，然后问成龙："我不明白，有人不遵守秩序，为何您不阻止，主动吃亏呢？"成龙笑着说："是的，我是吃亏了，我第一次吃的是暗亏，但这次吃的是明亏。我想这位先生第一次并不会觉得亏欠我什么，但这次总应该欠我的了吧。”一旁的助手顿时明白了成龙的心思，那个中年男子也对成龙竖起了大拇指，并为自己的行为向大家道了歉。

这个故事再一次告诉我们，亏一定要吃在表面，否则你吃了亏，别人不知道，自然也不会领情。只有让对方清楚你的损失让他受益了，他的内心才会愧疚，才会觉得有负于你，才会在你需要帮助的时候毫无顾忌地伸出援手。此外，也不能随意占他人便宜，这会让对方觉得你吝啬，胸襟狭小，从而与你锱铢必较，甚至远离你。

每个人心中都有一杆秤，吃亏和占便宜都会影响这杆秤的平衡。要想在这个社会立足，就要学会与形形色色的人打交道，学会平衡好他人心中的那杆秤，学会吃亏，学会占便宜。总之，一句话：“亏吃在表面，便宜占在暗地。”

别戳人痛处，给他人留足面子

俗话说得好：“打人不打脸，揭人不揭短。”与人相处时，要尽量体谅他人，维护好他人的自尊，避开言语“雷区”，别戳人痛处。

韩非子在《说难》中提到，龙的脖子有两块逆鳞，触动它，龙就会大发雷霆。其实韩非子这里所要告诉世人的是人的处世哲学。因为人也有自己的“逆鳞”，触动它，同样会动怒变脸。

每个人身上都有“逆鳞”，即种种不愿别人触及的缺憾、隐私或伤疤，而许多人在生活中却总是有意无意地触动那些敏感的“逆鳞”，有些人甚至会揪着他人的“逆鳞”批评、责怪、抱怨、嘲笑。其实，戳他人“逆鳞”的行为不过是为了获得一种教育他人的满足感。但这种满足感是建立在别人的痛苦之上的，没有人会喜欢与给自己带来痛苦的人打交道。

如果我们深究人的这种痛苦源自何处，便会发现它触及人的颜面。中国人向来重视面子问题，因为面子代表着尊严和荣誉。对于大多数人来说，金钱的损失往往无关紧要，而一旦触及颜面，触及自尊心，那后果则比较严重。金钱的损失可以补偿，如果心灵受到了伤害，就不是一朝一夕能痊愈的。因此在社会交往中，若想与他人建立和谐的关系，就要学会尊重他人，学会给他人留面子。否则，一时的口舌之快，往往会惹来麻烦。

三国时期，刘备第一次进西蜀时，为了讨好益州牧刘璋及其手下的官员，态度谦恭、言语低调。就这样，刘璋的大臣开始飘飘然起来，特别是长着一把大胡子的张裕，更是忘乎所以地拿刘备开起了玩笑，讥讽刘备说：“长须美髯才够得上男子汉大丈夫，那些嘴上少毛的人，哪有大丈夫的气概！”胡子稀疏的刘备讪讪地笑着，依旧一副谦和的姿态。半年后，刘备领兵打下益州，当上了蜀国之主。不久，他就找了个借口，将那个当年嘲讽自己的张裕杀了。

在古代，男子以须眉浓密为美，胡子眉毛稀少的男子通常被认为缺少男子汉气概，而胡子稀少正是刘备相貌上的一大弱项。其实这本无伤大雅，可张裕偏要同刘备比胡子，真是“哪壶不开提哪壶”。如此一来，有失颜面的刘备怎能不反感张裕？当时在刘璋的地盘，刘备只好忍辱负重，不便发作，而等到刘备掌握大权，张裕自然难逃恶运。诚然，刘备杀张裕有失君子风度，但如果不是张裕说话尖酸刻薄，触碰刘备的“逆鳞”，又怎会招来杀身之祸？

《圣经·马太福音》中有这样一句话：“你希望别人怎样对待你，你就应该怎样对待别人。”其实正如《圣经》所言，人与人之间的尊重是相互的，你尊重他人，他人也会尊重你；你给他人留面子，他人也会给你留面子。

在ICT公司，获得一年一度优秀员工的殊荣是每个员工所向往的，除了丰厚的奖金外，大家更看重的是这份荣誉。一般来说，员工获得此荣誉充其量就一两次，而部门经理安森·特已连续五年获此荣誉。

在安森·特第六次获此殊荣时，有人向他请教其中的奥秘，安森·特微笑回答：“其实，要说专业技能，坦率地讲，我并不是最优秀的，而且我的职位也不高，不足以成为别人喜欢我、推举我的原因。然而，我相信之所以多年都会被大家评为优秀员工，是因为我善于给所有人‘面子’。这看起来是件小事，可是它的影响却是难以想象的。并不是所有的员工都很出色，但是在工作中我始终坚持一个原则：多称赞、常鼓励、少批评。毕竟每一个员工都有他的优点，而对于他的不足之处，我大多会在私底下与其沟通，指出他的缺点。”

尽管每个员工都有缺点和过失，但安森·特会让所有人都有面子，因此公司上下所有人都尊敬他、喜爱他。也正因为如此，安森·特能屡次获得优秀员工的殊荣也就在情理之中了。

人要学会换位思考，当你即将说的话可能会有损对方颜面时，不妨反过来想一想，这些话自己愿意听到吗？当你戳别人的痛处时，不妨再反过来想一想，自己愿意被别人揭伤疤吗？

人在社会上行走，如果不想制造一个敌人，不想失去一个朋友，那么言行举止最好谨慎些，多去顾及一下他人的颜面。只有这样，你才能在给他人留足面子的同时，换取他人对你的尊重和喜爱。

第4章

不怕被人利用，就怕你没利用价值

其实，被人利用，说明你有利用价值，说明你“身价不菲”。千万不要因为自己被利用了就愤愤然，等到真有那么一天，别人对你不闻不问，那么你就真的失去自身的价值了。

人生的价值就是被需要、被利用

人生的价值在一定程度上就是被需要、被利用。能够被利用，从另一方面也说明一个人有可被利用的价值，更重要的是人完全可以合理地利用这种价值，在被利用中成就自己。

在自然界中有一种动物叫绿虾，它一生都生活在扁鱼的嘴里。这听起来似乎是一件危险的事情，但事实上扁鱼会把绿虾含在嘴里，悉心呵护，绝不会把它吞进肚子里。扁鱼之所以这样做是因为绿虾可以凭借其身体的晃动吸引来许多小鱼，从而让扁鱼尽享美食。就这样，绿虾成为扁鱼生活的一部分。但当绿虾老了，不能再为扁鱼引诱食物时，扁鱼就会将它赶走，换上一条年轻力壮、充满活力的绿虾。

在这里，绿虾和扁鱼的关系是相互利用，类似的利用关系在自然界中是极其平常的事情。可以说，不管是动物还是植物都存在这种相互依存、相互依赖的关系，一旦一方没有了利用价值，通常就会被另一方抛弃。不难看出，这种相互依存的原则，就在于有用和无用之间。仔细想想，这种原则同样适用于人类社会。

人与人之间，不可避免地会陷入相互利用的关系中，而对于大多数人来说，当发现自己成为被别人利用的对象时，就会愤愤不平，心有不甘。其实，人生的价值在一定程度上就是被需要、被利用。能够被利用，从另一方面也说明一个人有可被利用的价值，更重要的是人完全可以合理地利用这种价值，在被利用中成就自己。

勒基是一个青年演员，样貌俊美，器宇不凡，且极具演艺天赋，刚刚在电视台崭露头角。从职业的发展来看，他此刻需要的是识人之士为其包装和宣传，以扩大影响力。当然，最直接、最显著的方法就是找一家正规的公共关系公司为他在各种报刊上刊登照片以及相关文章。虽然勒基深知找资深公司做宣传对自己今后的发展至关重要，但这需要很大的一笔资金，自己经济上根本无法负担。

一次偶然的机会，勒基结识了安妮。安妮曾经在纽约的一家公共关系公司工作多年，她不仅熟悉业务，还有较好的人脉。几个月前，安妮自己开办了一家公关公司，并希望可以迅速打入有利可图的公共娱乐领域。但令她苦恼的是，到目前为止，她的生意主要是靠一些小买卖和零售商店，那些稍有名气的演员、歌手都不愿与她合作。

勒基与安妮一拍即合，两个人联起手来，安妮成了勒基的经纪人，为勒基提供宣传造势所需的所有经费。两人的合作达到了最佳境界，不到半年时间，邀请勒基演出和代言的合同纷至沓来。随着知名度的扩大，安妮不仅从中获得了许多收益，更重要的是令自己的公司在众多公共关系公司中占有一席之地。

每个人都有着独特的天赋和特点，但是每个人的价值往往需要通过别人的利用来得到体现和诠释。正如上面故事中的勒基和安妮，他们在合作中各取所需，既满足了自己的需要，同时也满足了对方的需要，正是相互协助使他们迈上了各自的成功阶梯。

被利用，换一种角度来看就是被需要。如果你能够思考得透彻一点儿，便会发现它们都是一个意思，只不过一个是经济学表述，一个是心理学表述罢了。

有一个建筑公司老板，认为工程进度太慢，便想在底层提拔一个工人做工头，出来管事。为了找到最适合的人选，他亲自到建筑工地探访。到了工地，老板问一个工人："请问你在做什么？"这个工人没好气地回答："在做什么？难道你看不到吗？我正在用这个重得要命的铁锤来敲碎这些该死的石头，这些石头又大又硬，害得我的手酸麻不已，这真不是人干的活儿。"老板摇摇头，又找到一个工人，问："请问你在做什么？"这个工人叹口气，无奈地回答道："为了薪酬，我才做这份工作，若不是要养活家人，谁愿意干这敲石头的粗活儿？"老板又摇摇头，找到第三个工人，问："请问你在做什么？"这个工人眼睛里闪烁着喜悦的神采说："我正在建造一座雄伟华丽的大教堂。落成之后，这里可以容纳许多人来做礼拜。虽然敲石头的工作非常辛苦，但每当我想到将来许多人在这里感受上帝的爱，心中便常为能从事这份工作而感到欣慰和高兴。"结果可想而知，老板决定让第三个工人担当工头。

从这个故事中我们可以看出，虽然这三个工人都被利用，但他们的态度却截然不同。前两个在被利用时，态度消极，只为工作而工作，只为薪水而工作，但第三个工人面对工作却能充满感恩，积极思考。人总是喜欢利用别人，不喜欢被人利用。然而，人如果不能正确地对待"被利用"，一味地抱怨自己被利用，那么就很难体会到生活的乐趣。只有那些能够正视"被利用"的人，才能抓住他人利用自己的机会，从中受益。正如故事中的第三个工人，深谙被利用的哲学，在被利用中找到了自身的价值，既能心情愉快地度过每一天，又获得了晋升的机会。

问问自己，能为别人贡献什么

人的一生都处在索取与贡献之中，通过索取而获得生存，通过贡献

而获得索取的权利，你能贡献什么往往决定了你能获得什么。

人性是自私的，渴望收获而不愿付出，但这个世界的神奇之处就在于人只有先付出，才能得到自己想要的。

一个家境贫困的男孩为了积攒新学期的学费，挨家挨户地推销商品。傍晚时分，他已经疲惫不堪，饥饿难耐，而他推销商品挣得的钱远不够负担学费，他沮丧至极，几乎绝望。这时，他又敲开了一扇门，希望对方能给他一杯水喝。开门的是一位美丽的姑娘，听完男孩的请求后，她没有多说什么，递给了男孩一杯浓浓的热牛奶，这令男孩感激万分。

十年过去了，男孩已完成了学业，成为一名优秀的外科大夫。一日，来了一位患病的妇女，因为病情严重，许多大夫都束手无策，被转送到了这位优秀的外科大夫所在的医院。外科大夫为妇女做完手术后惊喜地发现，这位妇女正是多年前在他陷入窘境时曾好心帮助过自己的女孩。当年那杯热牛奶他始终没有忘怀，因为正是这杯热牛奶令他振作。结果，当那位妇女为了高额的手术费发愁时，却在费用清单上看到这样一行字：手术费——一杯牛奶。

不要对陌生人的需要不屑一顾，要随时随地给别人帮助，这不但能给别人带来方便，同时也能为自己积累福泽，创造机会。正如故事中的女孩，用一份爱心，用一杯牛奶，就换取到男孩的感恩之心，获得了生的机会。

生命犹如峡谷的回音，你对它报以什么样的态度，它就以什么样的态度回报你；生命又犹如农民的庄稼，你播种了什么，就收获什么。或许有时你的收获与付出无法对等，但这又有什么关系呢？人生在世，重要的不是能够收获多少，而在于能够付出多少。因为在你生命终结之时，你所收获的一件都带不走，而你所付出的将永远留在人们心中。

安茜在公司工作了三年，性格内向的她不善于和同事们打交道，她也不愿在工作之余与同事们聚餐、K歌、逛街。她很不显眼，以至于在公司工作了一年，很多同事都没和她说过一句话。除了自己的工位，安茜会不定时地出现在公司的各个角落：会议室、休息间、传达室等，她不是在做自己分内的工作，只是在义务帮忙。

在会议室，她总是会默默地将那些弄乱的文件整理好放回原处；在休息间，她总会将同事们用过的杯子洗干净后才离开；她还会主动帮传达室的老大爷分信跑腿……当别人问安茜为什么这样做的时候，她总是笑笑说："举手之劳，方便他人。"

帮助别人虽是小事，但每次都会让她感到欣慰。这样，安茜给部门经理王磊留下了深刻的印象，即便两人没有过多的接触，安茜却在王磊心中扎下了根，不久两人就坠入了爱河。随着时间的流逝，同事们对眼前这个不爱说话的女孩也有了新的看法，安茜用自己的热心最终赢得了大家的喜爱和认可。

有一位哲人曾说过："给别人一点儿空间，就等于给自己一个世界；给别人一些帮助，就等于给自己生机和希望。"伸出友善之手帮助他人，其实就是在帮助自己，因为在助人之后，不但你的心灵可以得到升华，或许你人生的转机也在这一点一滴的关心、付出之中。

人的一生都处在索取与贡献之中，通过索取而获得生存，通过贡献而获得索取的权利，你能贡献什么往往决定了你能获得什么。所以，在今后的生活工作中，你首先应该想到的不是索取，而是贡献。当你的贡献做到位的时候，你便能得到自己应该得到的。

当然，要给予别人，你可能要付出一些劳动，一些代价，或蒙受一些损失，但这点儿付出和牺牲是完全值得的，因为你所收获的往往要比这多得多。

人在世上，难免遭逢灾祸。如果你能够向身处逆境中的人伸出援助之手，给他所需的帮助，那么他定会心存感激。给予、付出，本是立身之本，你的付出，定会给你带来不断的收获，也会成为你日后陷入逆境时的生机。只要你懂得了付出，便拥有了收获的资本。

不愿与人方便，自己也不方便

赠人玫瑰，手有余香。人与人的交往是相互的，你做事留有余地，给人方便，自己也会方便。

如果我们把一根绳子的两头分别系在鸡的左腿和右腿上，那么便会出现这样滑稽的一幕：鸡的一只脚会往右奔，另一只脚会往左挣，虽忙得不亦乐乎，却只能在原地打转。人以万物之灵自居，时常嘲笑其他生物的愚钝，而自己却会犯类似的错误。例如有的人认为帮助别人就等于牺牲自己的利益，即别人得到了，自己就一定会失去。

乔治·马修曾说过："帮助别人的人往往会爬得很高。"当今社会，一个人若只顾自扫门前雪，不管他人瓦上霜，把帮助别人看作自我损失，自找麻烦，那么他在生活中很难交到朋友，在工作中也容易处处碰壁。

动物界中有很多分工协作的现象。一窝蚂蚁多达上万只，但多而不乱，各司其职，既不会挑肥拣瘦，也没有互相扯皮、内耗，大家各尽所长、团结合作、配合默契。大雁飞行时会排成"人"字形或"一"字形，并轮换当头雁。这样做的原因是，前面的大雁拍打翅膀时，能够产生一股上升气流，后面紧跟着的大雁可以利用这股气流飞得更快、更省力。此外，这种排列还有利于防御敌害。

戴强大学毕业后留在北京，成立了自己的公司。经过多年的努力，他的公司渐渐有了名气，财富也逐渐积累起来，办公室越扩越大，公司职员也逐渐增多。后来，戴强开始学着炒股票，然而他投资的股票一跌到底，几乎亏尽。更不巧的是，公司在一次重大交易中出现了问题，欠下大笔债务。戴强不得不变卖房产、汽车还债，并关闭了公司。

风光一时的戴强如今一无所有，正当他为自己今后的出路发愁时，他收到了一封信，是一家公司的总裁写给他的。信中说，他愿意将其公司 30％的股权转让给戴强，并聘任他为该公司和下属两家分公司的终身法人代表。看完信后，戴强既兴奋又奇怪："这简直是天上掉下来的馅饼，这是真的吗？"于是，戴强带着疑惑按照信上的地址找过去，想一问究竟。

这家公司的规模很大，戴强没有心思参观，直奔总裁办公室而去。迎接戴强的是一个四十多岁的外国人，一见到戴强，他迫不及待地用不太流利的中文问道："还记得我吗？"戴强摇摇头。外国人面带微笑，从办公桌的大抽屉里拿出一张很皱很旧的 5 元汇票，夹着的名片上印着戴强公司的电话、地址。戴强努力回忆，可是依旧什么都想不起来。

外国人看着戴强，缓缓地说道："十年前，我在移民局排队办理工卡，当时人很多，大家都在那里拥挤和争吵。当轮到我的时候，很遗憾移民局已经快关门了。当时，我不知道申请工卡的费用涨了 5 元钱，移民局不收个人支票，而我身上也没带钱，如果我拿不到工卡，雇主就不会雇用我。就在这个紧急关头，你从身后递了 5 元钱过来，我要你把地址留下，以便日后把钱还给你，你就给了我这张名片。”戴强将信将疑地问：“后来呢？”外国人继续道：“后来我就来到了这家公司工作，很快我发明了两个专利，并因此得到重用。其实，我到公司上班后的第一天就想把这张汇票寄出去了，但是，我一直没这么做。我一个外国人来到北京，遇到了许多困难，当时我消极、沮丧，而这 5 元钱却改变了我对人生的态度，所以，我觉得这张汇票十分重要，是不能这么随随便便就寄出去的。我想现在是你需要帮助的时候，请给我一个报恩的机会。”

拓展人脉、获取良好人际关系的一大法宝就是伸出热情之手，帮助和关怀他人。你的帮助，不仅能助人一臂之力，给对方带来力量和信心，还能让自己从中收获一份深厚的友谊。当然，你的“滴水之恩”也有可能像故事中的戴强一样获得“涌泉之报”。

人与人的交往是相互的，做事留有余地，给人方便，自己也会方便。因为你有所付出，别人会乐于为你创造条件，让你方便做事，从而让你在激烈的社会竞争中更具优势。

资源多的人喜欢与资源同样多的人进行交换

古语云：“物以类聚，人以群分。”同类的东西常聚在一起，志同道合的人相聚成群。同样的道理，人们在日常的工作和生活中，都倾向于同那些在资源上同自己对等的人在一起。若是资源相差过多，除了心理上可能有落差之外，另外一个问题就是会导致相互猜忌，关系不牢固。

世人都喜欢公平，做事要公平，分配利益要公平，连交朋友也讲究个公平。有人可能会问，交朋友讲什么公平呢？两人惺惺相惜，情不自禁，自然便能够成为朋友。其实，没有那么简单。朋友关系不仅仅是一种情感上的认同，更多的是一种资源上的认同。所谓资源上的认同，就是你要交一个朋友之前，就得掂量一下这人几斤几两，配不配成为我的朋友。通常来讲，当你觉得这人拥有的智力或者物力资源与你相差无几时，便很乐意跟他成为朋友。而且，这样的朋友关系也稳固。

我们都是俗人，倾向于攀龙附凤，然而，交到地位或层次比自己高出一大截的朋友，不是常态。常态是，交的朋友往往跟你拥有同样多的智力和物力资源。这也就是我们通常说的"人以群分"。

战国时期，齐国有一位著名的学者名叫淳于髡。他博学多才，能言善辩，被任命为齐国的大夫。他经常利用寓言故事、民间传说、山野轶闻来劝谏齐王，而不是通过讲大道理来说服他，却往往能收到意想不到的效果。

齐宣王喜欢招贤纳士，于是让淳于髡举荐人才。淳于髡一口气向齐宣王推荐了七位贤士。齐宣王很惊讶，就问淳于髡说："寡人听说，人才是很难得的，如果一千年之内能找到一位贤人，那贤人就好像多得像肩并肩站着一样。如果一百年能出现一个圣人，那圣人就像脚跟挨着脚跟来到一样、现在，你一天之内就推荐了七个贤士，那贤士是不是太多了？"言下之意，就是觉得淳于髡推荐人才太草率，肯定不能保证这些人是真正的智能之人。淳于髡听了齐宣王的话之后，微笑着回答道："陛下这样说是不对的。我们都知道，同类的鸟儿总聚在一起飞翔，同类的野兽总是聚在一起行动。人们要寻找柴胡、桔梗这类药材，如果到水泽洼地去找，恐怕永远也找不到；要是到梁文山阴去找，便可以找到成车的药材。这是因为天下同类的事物，总是要相聚在一起的。我淳于髡大既也算个贤士，所以让我举荐贤士，就如同在黄河里取水、在燧石中取火一样容易，我还要给您再推荐一些贤士，何止这七个！”齐宣王听完淳于髡的解释觉得很有道理，便不再怀疑，分别重用了淳于髡推荐的这些人。

淳于髡举荐人才的故事告诉我们，资源的多寡决定了你所交的朋友的层次。所谓资源，至少应该包括智力资源和物力资源两种。淳于髡有一群贤士做朋友，就是因为他们同时拥有很丰富的智力资源。

我们都知道，若想优化自己的人脉资源，为自己的成功铺路，就要懂得人际交往的技巧。积累人脉就像滚雪球一样，你有了一个小雪球，在雪地里不断滚动它，就会得到一个大雪球。同样，若是你一开始用的小雪球奇形怪状，那你最后得到的大雪球肯定也好看不到哪儿去。积累人脉也是一样的道理，我们可以将你认识的第一个人比作“小雪球”，若是这个人层次很高，拥有的资源很多，那么你最终得到的人脉就会有很高的质量。一个人拥有的资源越丰富，可供人利用的地方越多，便证明他越有价值，自然越容易不断拓宽自己的人脉关系。

世人都信奉一个法则，交朋友要交对自己有益的朋友。将心比心，你想让别人成为你的益友，你首先要能够给别人带来好处。但凡能够成为长久朋友的，若不是相互之间有情感上的需要，便一定是有相互利用的价值。如果你希望跟那些资源丰富的人建立稳定的朋友关系，你首先要不断拓展自己的资源。双赢才是硬道理，人际关系也是如此。资源对等，才利于双赢，利于关系的长久稳定。天上不会掉馅饼，千万不要存有侥幸心理，妄想别人在一味付出，不索求回报。社会就是这么现实，你和别人的资源对等时，别人才会真心将你当朋友。

不断充实自己，积累为人所用的资本

人生需要不断地充电。整个社会都在不断地前进，如果你不提升自己充实自己，那么你早晚会被社会所淘汰。

有一位企业家说过这样一句话：“这个世界上什么都缺，就是不缺人。一旦一个人没有利用价值，就如同甘蔗渣一样，人皆唾之。”社会不同情弱者，或许去年周围的人把你奉为座上宾，但是今年你却备受冷落；或许上个月你还是公司叱咤风云的人物，但这个月你却面临降职、解职的危机；或许昨日上司对你笑脸相迎，但今天却对你破口大骂……在人生的旅途中，大起大落，人情冷暖皆常事。当你抱怨事态的炎凉、责怪周围人的势利时，能否反思一下，目前的结果是不是自己“黔驴技穷”所造成的呢？

从一定意义上说，人与人的关系是建立在相互利用的基础上的。虽然这里的“利用”看上去偏向贬义，而把自己的价值用“被利用”来衡量，对大多数人来说似乎也难以接受，但事实就是如此。所谓“自身价值”在一定程度上就是“自己能被利用的价值”，如果一个人不能“被利用”，也就等于没有用。试想，谁不愿意结交那些能力强的人？谁又愿意结识那些不能给自己带来任何帮助，且一有困难就跑来求助的人呢？

晓琳初到公司，很多业务都不熟悉，办公室里面的人都不怎么管理她，并且她本身也没有什么工作经历，所以同事们一直都把她当一个涉世未深的孩子看，常常吩咐一些琐事杂事让她做。即便如此，晓琳也没有觉得委屈，总是很乐意地接受。

有一次，主任让晓琳把一摞重要资料送到另外一个分公司经理那儿去，一个热心的同事听到后，就对晓琳说：“你别去了，分公司很远，你一个人还要带那么多资料，一会儿我找个人帮你送过去。”晓琳听后，笑了笑说：“算了，还是我自己去吧。”对于同事的帮助晓琳很是感激，但她觉得主任既然吩咐她做这件事，就是对她的信任与肯定，所以不能假手于人。

由于晓琳总是勤勤恳恳，每次办事从不拖延推脱，且分配的任务也能很好地完成，不久，就得到了大家的认可，令大家刮目相看。后来在一次公司的大会上，老总大力表扬了她，还给她升了职。

无论你现在是春风得意，还是垂头丧气，你都必须清楚，人之所以可以立足于激烈的社会竞争之中，是因为此刻有被利用的价值，如果不随时随地提升自己的价值，那么明天就有可能变得一文不值。在当今这个以价值为导向的社会，公司不怕你要价高，只怕你不能增值；领导也不怕你耍脾气、使性子，就怕你没有应有的价值。

那么，对于一些初入社会的人，又该如何做才能提升被利用的价值呢？以下有三点建议：

第一，自我提升，自我学习。古语有云：“学如逆水行舟，不进则退。”一个人的价值往往依托于学识。没有才学的人，无论走到哪里都会被人看不起，不被重视。试想，当你在工作中，碰到同事让你做某件事或向你询问某件事，你无从下手、一问三不知，那么对方下次肯定不会再找你。所以，你只有不断地学习，不断地拓展自己的知识，才能提高自己的利用价值，拓展自己的发展空间。

第二，向他人学习，合作中带动自己前进。孔子曾说：“三人行，必有我师焉。”哲学家爱默生也曾说过：“一个聪明的人能低头拜一切人做老师。”任何人身上都有闪光之处，你要成为有价值的人，就要虚心向周围的人学习他们的长处。这个人可能是你的上司，可能是你的同事，可能是你的亲朋好友，也可能是你的竞争对手，无论是谁，你都可以将他们的价值转移到自己身上，提升自己的价值。

第三，有了资本还要肯吃亏。吃亏是一种隐性投资，即便你被人利用去做某些事情，也应该平心静气地对待，这样才能从中有所收获。人生的每一步都是在为下一步做铺垫，你必须着眼于未来，不要总盯着眼前的利益去算计，主动选择吃眼前亏。只有这样，你才能拥有更多朋友，拥有更多机会。

虽说金子在哪里都会发光，但金子必须有人发掘出来才能凸显出它的价值。请记住，即便是一块闪闪发光的金子，只有懂得被人利用的哲学，提升被人利用的价值，你的价值才能真正地显现出来。

被利用可以，被当枪使绝对不行

社会是复杂的，这就需要懂得方圆之术，既不得罪人，也不伤害人，当然还要避免被人所伤害。

人情世故就是为人处世的道理，也是做人的技巧。社会是复杂的，这就需要我们懂得方圆之术，既不得罪人，也不伤害人，当然还要避免被人所伤害。

李响大学毕业后被分配到一家工厂做车间的调度工作。一天，车间主任主动找到李响，说工厂下达了加工两种新型号机床配件的任务，时间紧，任务重，希望李响能够提出建议，确保能够按时保质地完成工作。

面对车间主任的虚心请教，李响说："最好的方法就是将两套配件同时安排生产，充分发挥各种设备加工的能力……"主任采纳了李响的建议，并让他着手组织生产。然而在配件加工进行到一半的时候，车间主任突然告诉李响，说其中一种零件需要提早交货。这时再更改生产计划已经不可能，大家都束手无策，最后只能延迟交货期。厂长对此十分恼火，要追究车间主任的责任，而主任此时却把责任全推到了李响身上，无中生有地说自己并不同意这种安排，完全是李响自作主张这样干的。结果厂长扣了李响半个月的薪水，李响有理无处说，白白地让车间主任当枪使了一回。

前面我们说过，人可以"被利用"，因为能够"被利用"在一定程度上说明这个人有价值。然而，李响的遭遇不得不给我们敲响警钟——"被利用"也分好坏。对老板和上司"唯命是从"是职场人无法避免的，但服从不等于盲从，我们要用自己的头脑来考虑上司决定的错与对。如果不明情况、不合时宜地一味盲从老板和上司的错误决定，那就很有可能背上"黑锅"，甚者会被"黑锅"压死。

在社会中，人与人之间的利益关系复杂，单纯的人绝对不能让心怀不轨的人当枪使。仔细想想，职场中凡是被人利用、被人当枪使的人，无不有这样或那样的弱点，或分析能力不够，或抵抗力较差，或贪图小恩小惠。下面的三点建议可以帮你克服身上的弱点，有效维护你的利益，避免被人当枪使。

1. 分清责任，避免替人背黑锅

伸出援助之手，救人于危难之中，的确无可厚非，但前提是要把后果想清楚，责任分明白，不能什么事都无条件地承担，不管对方是什么人，处于什么地位。举个例子，假如你所在的公司发生严重事故，上级追查责任，负责人对你说：“我想对上面说出事那天我不在，是你自作主张，只要我免予处分，我自有办法保护你。”如果你同意了，那么这种替上司背黑锅的行为是十分愚蠢的。责任需要分清楚，每个人所承担的应该是属于自己的那一份，替上级背黑锅，万一对方难以兑现先前的承诺，令你受到严厉的惩罚，那时后悔就来不及了。

凡事要防患于未然，平时你在工作中就应该分清责任，各司其职，千万不要怀有替上司背黑锅将来就会有些好处的心理。好处应该是光明正大地争取的，用背黑锅的办法来换取的好处既不光彩也不合算。通常情况下，上司能给你的好处比起你背黑锅所受的损害只是九牛一毛。总之，当有人来求你替他分担责任时，一定要搞清楚这种责任的性质，千万不可随便答应，以免后悔。

2. 预防他人设的陷阱

有些同事常求你给他们出主意，表面上他们听从你的建议，按照你的意思行事，但实际上，他们是想一点儿责任也不承担。这种人在生活中很好辨认，最大特点就是总是主动征求你对某一问题的看法，问你某项工作如何安排，某件事该怎么办。如果你身边有这种不负责任、善于推卸责任、诿过于人的人，你一定要小心他挖的陷阱。你不要怕丢面子，无论面对多么诚挚、谦逊的恳求，甚至是命令，你都要沉着应对，尽量去找一些理由婉拒，避免给对方提具体的建议，以防止其倒打一耙。

第5章

一个人是否成功，与认识谁有关系

一个人的成功约有 85% 取决于人脉的经营状况。每个人都生活在盘根错节的人脉网络中，要想生活充满乐趣、事业一帆风顺，谁也离不开他人的帮助与扶持，因此，我们要不断拓展自己的人脉。

人脉，人生唯一不赔的投资

一个人能否取得成功，不在于你知道什么 (what you know)，而在于你认识谁 (who you know)。

面对别人取得的成功、创造的奇迹，你除了投去羡慕的目光，是否更多的是在叹息自己命运不济？当你习惯了羡慕、习惯了叹息，为什么不能习惯性地去思考成功者在过去十年甚至二十年里都做了什么？

斯坦福研究中心曾经发表过一份调查报告，结论指出：一个人赚的钱，12.5% 来自知识，87.5% 来自关系。这个关系就是我们所说的“人脉”，而它正是一个成功者背后最大的秘密，也是每个成功者花费一生精力都在经营的事。在美国就流行着这样一句话：“一个人能否取得成功，不在于你知道什么 (what you know)，而在于你认识谁 (who you know)。”的确，不论是智慧聪明的比尔·盖茨、马云，还是顽强拼搏的史玉柱、俞敏洪，从不敢说自己是靠单打独斗赢得天下的。在这个世界上，没有一个人能够不与别人合作就获取成功，这是放之四海而皆准的真理。

一个人越早明白人脉的重要性就能越早接近成功的目标。下面，我们来分享一下世界一流人脉资源专家哈维·麦凯的故事，看看他是如何利用人脉来推销自己找到一份好工作的。

哈维·麦凯大学毕业后也同其他人一样带着无限的激情和渴望投入社会，寻觅适合自己的工作。当时的大学生很少，麦凯本以为自己可以找到一份不错的工作，但结果却事与愿违，处处碰壁。麦凯的父亲是一位名记者，认识一些政商界的重要人物，其中有一位叫艾尔斯·沃德的人。艾尔斯·沃德是布朗比格罗公司的行政总裁，布朗比格罗是全世界最大的月历卡片制造公司。四年前，沃德因税务问题获刑。麦凯的父亲觉得沃德的逃税一案有些失实，便亲自赴监狱采访沃德，并写下了一些公正的报道。沃德非常喜欢那些文章，他几乎落泪："在许多不实的报道之后，终于有人写出了公正的报道。"沃德出狱后，主动联系麦凯的父亲，两人成为很好的朋友。

一次在闲谈时，沃德问麦凯的父亲是否有儿子。麦凯的父亲说："有一个，在念大学。"沃德继续问："何时毕业？"麦凯的父亲笑着说："他刚毕业，正在找工作。"沃德说："噢，那正好，如果他愿意，叫他来找我。"第二天，麦凯打电话到沃德办公室，与沃德约好了面试时间。

麦凯如约而至。不想面试变成了聊天，沃德兴致勃勃地与麦凯聊起其父亲当年的狱中采访。整个过程两个人非常轻松、愉快，最后，沃德对麦凯说："我想派你到我们的'金矿'——品园信封公司工作。"所谓"金矿"是指薪水和福利最好的单位。就这样，在街上闲晃了一个月的麦凯，顷刻间有了一份工作，而且还是一份"金矿"工作。

每一个成功人士的发家之路并不相同，但几乎都有一个契机，之后以这个契机为跳板，成为众人中的佼佼者。对于麦凯来说，这就是他人生的契机。麦凯在品园信封公司熟悉了经营信封业的流程，懂得了操作模式，学会了推销的技巧，并且积累到大量的人脉资源，而这些人脉又成为麦凯成就事业的关键。42 年后，麦凯成为全美著名的信封公司——麦凯信封公司的老板。麦凯曾感谢沃德说："是你给我的工作，是你创造了我的事业。"

在这个竞争激烈的社会，有的人左右逢源，要风得风，要雨得雨，而有的人却处处碰壁，事事遇堵，举目四顾一片茫然。两种不同的境遇，很大程度取决于一个人的人脉关系。人的一生不知要认识多少人，结交多少人，这些人不只是你我生命的过客，每一个人都有可能成为你我生命中的贵人，成就你我的事业。正如故事中的艾尔斯·沃德，一个穿过囚衣的犯人，成就了哈维·麦凯的人生和事业。

对于任何人来说，30 岁之前是人生的准备时期。准备什么呢？两样东西：一个是生存的技能，一个是人脉。生存技能是人安身立命的本钱，是基础，而人脉则是出路，是船桨，是飞往成功的翅膀。没有人脉，即便你再努力、再勤奋、再聪明，也只能埋没在无数与你并肩奔赴成功的人群中。

人脉好比一张成功的存折。如果在 30 岁之前就开始储蓄你的人脉，那么 30 岁之后，收获轻松而精彩的人生将不再是遥远的梦。你一定要做个有心人，随时随地注意开发身边的人脉金矿。只要善于开发，每一个人都可能成为你的金矿，为你的事业提供助力，令你的事业蒸蒸日上。从现在就开始积累你的人脉吧。记住，人脉是人生中唯一不赔的投资！

交友别仅仅局限于同学圈

拥有一个优质的人脉圈，就等于握住了赢家的底牌；驾驭一个优质的人脉圈，就等于抓住了成功的命脉。

在社会上，一个被众人接纳和认可的人，未必有超人一等的学识和能力，但一个成功者的背后，必定有一群人在努力。自古以来，怀才不遇者大有人在，而少有左右逢源、人际关系过硬者没有出路。人脉是一种无形的资产，是我们手中掌握的最宝贵的财富。但凡成功者都深谙为人处世的技巧，能够为自己营造一个良好的人脉环境。

而今，一提及“人脉”一词，很多人就会产生这样的疑惑：为什么我的朋友圈子总是局限于固定的那么几个人呢？其实关键在于人很多时候都忽略了拓展交友圈子，交友通常仅局限于自己的同学圈。

每每提起同学，都会勾起人们很多甜美的回忆。一般来说，一个人的朋友首先是来自学生时代的同学，其次才是职业圈里的同事或同行。相比较而言，友情基础更为深厚的是前者，也正因为如此，很多人都把自己交友的范围局限于同学圈。事实上，同学圈只能算是扩展人脉的基础，不能把它作为人际关系的主体。人应以同学圈为基础，在关系中找关系，从而不断拓展自己的交际圈。

媛媛是一个保险业务员，她业绩出色，几次被公司评为“销售之星”。其实，现在成绩斐然的媛媛曾连续两个月一份保险都推销不出去，她曾多次想递交辞职信，放弃这份工作。后来媛媛意外地卖出一份保险，正是这份保险的售出，让她对自己的人际关系有了新的认识。

事情经过是这样的：媛媛大学时的好友燕南邀请她参加自己的生日派对，性格内向的媛媛本对这样的聚会活动不感兴趣，但由于近期工作不顺心，媛媛便想借此机会释放一下自己心中的苦闷。

生日派对上，媛媛发现到场的有熟悉的同学，也有一些陌生面孔，他们是好友燕南新结交的朋友与同事。然而无论是曾经熟悉的同学，还是刚刚相识的人，大家对彼此现在的身份和职业都有着莫大的兴趣。闲谈中，燕南的一位同事就主动向媛媛咨询起了保险的相关事宜，最后还要了媛媛的联系方式。媛媛对此事并没有放在心上，可她没想到，这个人居然第二天来公司找她，商讨购买保险的具体事宜。就这样，媛媛卖出了工作两个月以来的第一份保险。

媛媛发现，推销“熟人”要比向陌生人推销成功的概率高许多。面对陌生人，即便自己滔滔不绝、绘声绘色，人与人之间的不信任感还是会从中作祟，令推销举步维艰。而如果对象是与自己有关系的人，这种不信任感便会降低很多，其购买的概率就会提高。于是，媛媛翻出自己的通讯录，主动与老同学联系，并积极参加各种活动。逐渐地，媛媛的交际圈越来越大，朋友越来越多，当然她的保险也越卖越好。

人际关系好比一张蜘蛛网，而你就如同那个结网的蜘蛛。设想一下，如果从第一层同学圈的每个人身上都射出一两根“蛛丝”，让你结识到一两个新朋友的话，那么仅仅从结出的第二层网，就可以看出你的人脉是多么强大。如果继续拓展，通过同学的朋友再结交更多的朋友，那么你的人际关系网就可能成为一张超级大网。如此一来，凭借你的人际关系网，还有什么事情是做不到的呢？

离开校园后，曾经的同学开始进入社会的各行各业中，而这也就为你提供了一个扩大交际圈的好机会。当然，你要想在同学圈的基础上结交更多的朋友，最重要的是要能够取得同学圈的信任。在人际交往中，朋友的介绍相当于一种信用的担保，把你介绍给其他人，就意味着他在为你做担保。所以基于这一点，你必须先取得介绍人的信任，对介绍人的担保负责。如果你认为时机成熟，可以主动请求对方介绍他的朋友给你认识。如果有人对你说：“后天我和朋友有个聚会，你来参加吧。”那么你拓展人脉的机会就来了。在聚会上，你会接触到更多的人，结交更多的朋友，说不定你的贵人也在其中。

同学圈只是基础，千万别让自己的交际范围仅限于此，多去观察，多去挖掘，这样你的人脉财富才能越积越多，人脉网才能越织越大！

贵人多“旺”事，织好你的贵人网

如果你足够聪明，就让自己做个有心人，随时随地注意开发你的人脉金矿；如果你足够智慧，就让自己做个好心人，每时每刻用爱心、真诚去对待身边任何一个人。只要你善于开发，懂得经营，每个人都可能会成为你的金矿，成为你的贵人！

机会来自哪里？对于创业者来说，机会或许无处不在，可能来自自我灵感的迸发，可能来自他人智慧的启迪，也可能来自解决生活困难的一个 idea，而对于求职的人来说，机会更多的来自于“人”。

美国人力资源管理协会曾针对人力资源主管与求职者进行过一项调查。结果显示：95% 的人力资源主管或求职者都是通过自己的人脉关系找到了适合的人才或工作；61% 的人力资源主管及 78% 的求职者认为，人脉是最有效的寻找人才和求职的方式。《华尔街日报》曾做过“最有效的求职途径”调查，其中“熟人介绍”被列为所有途径之首……种种事实表明，开发和经营人脉资源，除了为我们雪中送炭、排忧解难，还能在“贵人”的帮助下给我们的事业锦上添花。

2006 年 10 月 9 日，纽约联合国总部，镁光灯下，韩国人潘基文成为新一任联合国秘书长。为什么这个有些许花白头发、面容儒雅慈祥的人能够登上举世瞩目的位置？下面让我们看看潘基文的故事：

潘基文从小就接受了良好的教育，整个学生时代，他都是典型的好学生，唯一的特长就是学习。在二十多岁的时候，他遇到了人生一次重要的选择。当时，学业有成的他可以去美国当外交官，同时也可以选择去印度。去美国自然是风光无限，但美国消费颇高，而此刻他的家庭需要他挣钱贴补家用，于是他只好选择了后者。

虽然目的地不太称心，但潘基文到任后很快以自己的才气和能力，吸引了韩国驻印度总领事卢信永的注意。卢信永发现潘基文谈吐不凡，思维缜密，办事沉稳，很多棘手的问题在他手中都能迎刃而解。卢信永非常看好潘基文，格外留心观察他的一举一动。在这个过程中，潘基文也意识到了一个问题：卢信永表面冷漠，但内心是热情的，更重要的是他有着极其丰富的外交经验，且乐于向自己传授。潘基文相信卢信永对自己的外交生涯会有重大的影响，于是他在卢信永面前更加谦虚，也更加卖力地工作，把领事馆的各项事务打理得井井有条。

后来，卢信永担任韩国国务总理，他首先想到了十几年前一同工作的潘基文，立即将其推荐到了总理府工作，不久又将其破格提升为总理礼宾秘书、理事官……潘基文的职务像坐直升机一样，最终成为联合国秘书长。

看完潘基文的故事，你是否已经体会到贵人的重要性，如果潘基文没有得到卢信永的赏识和提拔，那么他的仕途也许不会如此通畅。你不妨想一想，连潘基文这么优秀聪明的人都离不开贵人相助，何况是一般人呢？记住，贵人绝对是一个影响个人事业成功与否的重要因素，因此人一定要学会建立并经营好自己的贵人网。

这里还有一点要说明一下，有些人对“贵人”一词的理解有很大的偏差，认为贵人往往是那些可遇不可求、有权有势的人，其实“贵人”就是你我身边的良师益友。具体地说，在我们所认识的人中，能够在我们命运的关键时刻发挥作用、适时地给予帮助或指引的人就是我们的贵人。

贵人往往就在我们身边，我们不应被动地等待，而应主动去寻找、去经营。对于如何建立、经营人脉的问题，有以下几点建议：

1. 贵人就在身边，关键需要用心找

许多人都认为自己周边缺乏有能力的贵人，其实任何人背后都有一张关系网，也许此时此刻他没有什么可以带给你，但并不意味着他将来或他背后的人脉关系网不能给你带来帮助。因此，可以做一个人脉发展规划，列出需要开发的人脉对象及其所在的领域，然后根据现在的人脉寻找你所希望认识的目标，进而创造机会采取行动。

2. 把握机会，善于沟通，学会赞美

一切成功人士都善于把握时机，抓住每一个培育人脉资源与关系的机会。参加婚宴时尽量提前到现场，那里是认识更多陌生人的好地方；参加活动时要多与他人交换名片，并利用休会的间隙多沟通；外出旅行时要善于主动与他人攀谈；上班工作时，要珍惜与老板、上司、同事单独相处的机会，学会赞美对方……这些都是上天赐予我们强化人脉的绝佳良机，千万不能错过，做好充分的准备，好的表现才能赢得更多朋友。

3. 参与社会活动，走出自我封闭的小圈子

若想获得工作之外的人脉，就需要扩大自己的交友范围。在日常生活中，太过主动地接近陌生人，很容易引起对方的厌恶，遭到拒绝。因此，不妨通过参加社会活动，在自然状态下与他人建立互动关系，拓展自己的人脉网络。而且大量实践证明，在社会活动中进行交流更有助于人与人之间建立情感和信任。此外，如果你参加某个社会活动，那么最好能谋到一个组织者的角色，这样就得到了一个服务他人的机会。在为他人服务的过程中，你自然就增加了与他人进行联系、交流、了解的机会，而人脉就会在这种自然而然的接触中不断得到延伸。

4. 大数法则

“大数法则”本是保险精算中确定费率的主要原则，它揭示的问题是观察基数越大，预期损失率结果越稳定。如果把大数法则用在人脉关系上，就是指我们结识的人数越多，预期成为朋友的人数占所结识总人数的比例越稳定。因此，如果我们能够结识更多的人，收集更广泛的人脉信息，那么运用大数法则来推断，我们能够建立朋友关系的人就越多。

在你的人生中从没有一个贵人相助，就很难取得大的成功。一般来说，成功人士通常都会利用贵人或别人的优势，来为自己铺就通往成功的捷径。一定要记住，若能借助贵人的经验与力量，绝对可以让你的事业更上一层楼！

积极主动，再穷也要站在成功人堆里

想知道你今天究竟值多少钱，你就找出身边最要好的三个朋友，他们收入的平均值，就是你应该获得的收入。——俞洪敏

人们常说：“鱼找鱼，虾找虾，癞蛤蟆找青蛙。”按照文人的说法，就是：“物以类聚，人以群分。”但当今社会，人若完全把自己禁锢在一个小圈子里，便难以突破自己，更难以一跃龙门成龙成凤。

著名的人际关系学家罗伯特·T. 清崎说过这样一句发人深省的话：“你要想创造更多财富，就要主动去接近那些拥有财富的人。”通俗地说，这句话的含义就是攀龙附凤，再穷也要站在富人堆里！

刚刚踏入社会的人，如果想出人头地，就要学会“攀龙附凤”，多与社会关系丰富的人交往，这样才能突破自己的人脉局限，扩大人脉圈，成就自己的人生。

石瑞大学毕业后一直在一家公司做文员。临近春节，公司开了一场联欢会。联欢会上，志得意满的老总高歌一曲，并邀请公司的员工与他对唱。员工们面面相觑都不敢上台，这时，只见石瑞大步上前，站在老总面前，并顺势接过老总手中的麦克风。台下的员工都为之一振，因为他们都清楚石瑞的歌声并不怎么样，他上台与老总飙歌，不是自取其辱吗？果然，石瑞一张口就没有在调上，大家都轰然而笑。即便如此，石瑞依旧高唱，他很投入，也很放松，与老总一唱一和，很是默契。下台后，有不少员工都跑来嘲笑石瑞，说他不知天高地厚，说他在台上丢人，而石瑞的回答却让所有人都目瞪口呆：“我就是为了体会天高地厚才登台高歌的。”

春节过后，公司人员调整，老总把石瑞调到了自己身边，担任经理助理一职。半年后，石瑞又被任命为部门经理，同期进入公司的几个人大为羡慕。同事们都感到很疑惑，为什么石瑞能够凭借一首唱得并不怎么样的歌，就获得了老总的青睐。

事实上，在整个过程中石瑞花费了很大的心思。首先，老总邀请员工与自己一起唱歌只是一个临时决定，但台下的员工抱着这样或那样的疑虑不敢登台，场面不免会冷下来，甚至有些尴尬，这时石瑞挺身而出，不得不说他为老总解了围。其次，公司里与石瑞能力相当的人少说也有十几个，如果按部就班地等待机会的降临，恐怕要等个三五七年，而上台与老总飙歌，不仅在众人面前显示了自己的胆识，同时也加深了老总对自己的印象，这不失为一条捷径。最后，石瑞在和老总飙歌过程中，不仅与老总进行了神情的交流，更恰到好处地对老总的歌喉进行了恭维，这无疑为石瑞今后的发展打开了通道。

另外，石瑞成为经理助理不久，就可以担任独当一面的部门经理，原因在于他担任经理助理时，经常和各个部门的经理们站在一起，他耳濡目染的全是公司经营的管理之道、拓展公司的发展蓝图，而这些是一个普通文员永远接触不到的东西。我们可以想象，如果石瑞在联欢会上没能勇敢地站出来，那么现在他可能还泡在烦琐的公文堆里；下班后他或许会和几个同事聚在一起打扑克，而不是坐在高级咖啡厅里与客户谈生意。

一个人若想富有，机遇必不可少，但抓住机遇的能力更为重要；一个人若想富有，智慧必不可少，但运用智慧的方法更为重要；一个人若想富有，“贵人”必不可少，但要能让贵人帮助自己的本领更为重要。任何人都不能复制富有者成功的过程，却可以从成功者身上学习一些成功的理念和方法，但前提是要和富人站在一起。其实，要和什么样的人交往，要付出多少精力和财力去实现这些交往，这个主动权就在我们自己手里，能否突破自己的交际圈，昂首挺胸地钻进富人堆里，这个决定权也在我们自己手里。如果你渴望成功，那么就不要害怕与顶尖人物进行交往，而且他们有时也有与你交往的要求，也有需要你帮助的时候，你拒绝和顶尖人物交往，就等于拒绝了自己成为顶尖人物的机会。

欧洲首席致富教练谢菲尔曾说过这样一句话：“要想成功，经常和已经取得成功的人士打交道是有好处的，少和不思进取的人在一起，这些人很可能为人都不错，然而对于你的成功毫无帮助，只有负面影响。”再穷也要站在富人堆里。不是为了追名逐利，更不是为了讨口残羹剩饭，而是要从富人堆里找到改变命运的金钥匙，靠自己的努力、睿智和坚毅来获得成功，最终才能够与富人并肩而立。

雨中送伞，给落难朋友一点儿帮助

做人做事最忌目光短浅，平时不屑“向冷庙上香”，事到临头再来“抱佛脚”就来不及了。

有这样一个故事：

两个好朋友结伴到山上砍柴，其中一个人一直跟同伴絮絮叨叨地说：“咱俩是好兄弟，今后遇到困难一定要相互帮助。”谁知，说什么来什么，一只黑熊向他们扑来，两人拔腿就跑。黑熊紧跟着他们，不肯罢休。后来两人来到一棵高树下，那个一直说要相互帮助的人像猴子一样迅速地爬上了那棵树，而他的伙伴根本不会爬树，他看看树上胆战心惊的好友，又看看来势汹汹的黑熊，叹了口气，躺在了地上，等待死亡的到来。

黑熊先发现了树上的人，它围着树转了几圈，觉得自己爬不上去。黑熊转回头发现不远处地上还躺着一个人，于是拖着肥硕的身体慢悠悠地走过去。黑熊仔细闻了闻，又用爪子摇了摇，发现毫无反应，便摇摇头走开了。

见黑熊走远，树上的人跳了下来，他深知自己刚才的做法不妥当，便半开玩笑地说：“老弟，你真机智，知道装死骗黑熊，刚才黑熊在你耳边跟你说啥悄悄话了？”地上这位一边打扫身上的尘土，一边说：“我可不想跟你开玩笑！对了，刚才黑熊让我今后不要再答理你，说你不是个东西，只有共患难的朋友才是真正的朋友。”说完，径自向山下走去。

“共患难的朋友才是真正的朋友”，这句话道出了朋友间友谊的真谛。常言道：“在家靠父母，出外靠朋友。”每个人生活在社会上，都离不开朋友的帮助。然而在当今社会，“见高拜，见低踩”的现象屡见不鲜。人在高位时，平日礼尚往来，称兄道弟，相见甚欢，而一朝势弱，门可罗雀，冷眼冷面，甚至落井下石、趁火打劫。患难见真情，困境面前，能够轻易分清谁是你真正的朋友。

古人常用“三十年河东，三十年河西”来形容一个人地位的变迁。风水轮流转，一个人一生不会永远落魄，也不会一直辉煌。那些曾经落魄的人，只要机会一到，仍会一飞冲天、一鸣惊人。做人做事最忌目光短浅，平时不屑“向冷庙上香”，事到临头再来“抱佛脚”就来不及了。人情冷暖，世态炎凉。趁自己有能力时，多去帮助一些潦倒英雄，这样自身才能有更大的发展。

汤姆逊是一名年轻的律师，在纽约开了一家律师事务所，专门受理移民的各种事务和案件。事务所成立之初，他吃尽苦头，但在他的坚持和努力下，事务所在当地逐渐有了名气，财富也接踵而来。短短几年时间，他的事务所由一间办公室已扩展到一层写字楼。可是，天有不测风云，当汤姆逊的事业如日中天，沉浸在成功的喜悦中时，他一念之间将所有的资产都投资于股票，糟糕的是几乎全部亏尽。更不幸的是，由于美国移民法的修改，职业移民额削减，他的律师事务所也门庭冷落，随时都可能破产。

这个时候，汤姆逊却意外接到了以前一个朋友的电话，并且这个朋友说自己可以赞助他，帮他恢复公司。汤姆逊觉得有些不可思议，因为这个朋友是自己曾经资助过的。原来几年前，这个朋友也是刚刚成立公司，只不过公司刚起步，资金周转不过来，便向自己借钱，汤姆逊也没顾虑太多，就伸了把援手。汤姆逊没想到，曾经小小的一次“善举”，居然为如今的自己带来了这么大的幸运。

人的一生虽然短短几十年，但在这几十年中，境遇却是变幻莫测的。有时，你曾帮助过的人会因境况变好而帮你一把，成为你的贵人，让你的命运出现新的转机。

人生的旅途上，朋友之间，你帮我一把，我拉你一下，互相搀扶，相互支持，都是为了更好地赶路。所以，不要太自私，不要在朋友需要的时候悄悄走开。只有善于雨中送伞、雪中送炭、给落难朋友帮助的人，才能获得更多友谊、更多帮助、更多机遇，从而成就自己美好的未来。

朋友数量与你的胸怀成正比

宽容是一种豁达，一种理解，一种尊重，一种坦荡，人只有具备了容纳高山、天空、海洋的胸怀，才能收获更多的朋友、更多的友谊。

孔子曰：“君子坦荡荡，小人常戚戚。”古往今来，凡成大事者都有着宽广的胸襟，并崇尚豁达与容忍的生存之道。宽容的处世之法，不仅是避免祸端的高明之法、保持心灵平衡的秘诀，同时也是赢得友谊的法宝。相反，凡事总是斤斤计较，硬要讨个公道、较个高低，不仅容易陷入烦恼和苦闷的负面情绪中难以自拔，还会让身边的朋友越来越少。

嘉乐是一家电脑公司的程序员，他的工作能力很强，工作不久就成了公司的业务骨干，不但拿着高薪，还获得了同事小欣的爱慕，可谓事业爱情双丰收，头脑中曾经幻想的未来似乎就在眼前。

然而，嘉乐有着一个致命的缺点，就是心胸狭窄。譬如同事们聊天时不经意地瞟他几眼，他就会认为对方在说自己的坏话；上司催他赶一下工作进度，他就会觉得上司是有意为难他；如果有同事在工作中对他提出异议，他更会反唇相讥，不容自己吃半点儿亏。因此嘉乐没少和同事吵架，同上司也经常发生矛盾。即便嘉乐的人际关系很差，他也不知道收敛，他认为公司离不开他，他曾对同事说过这样一句话："我就是公司的太阳，离开我，谁都转不了。"

慢慢地，嘉乐在公司的敌人越来越多，他也变本加厉，在背后骂同事、骂上司，更加严重的是一次他在被上司批评后，毁掉了公司的网站，并让公司的企业邮箱感染了病毒，不断向客户发送垃圾邮件和病毒。看到公司上下被自己搞得一团糟，嘉乐心中无比得意，等着上司来恳求自己出手解救危局。没想到，他等来的却是公司的解聘书。此时，女友小欣也看透了他的卑劣行为，提出分手。就这样，嘉乐落了个竹篮打水一场空，并且由于危害网络安全还受到了一定的治安处罚。

千万不要让斤斤计较、多疑的种子在心中生根发芽，它们是毁坏人际关系的毒瘤。在日常生活和工作中，凡事都要学会豁达以对，即便是面对一些带有讽刺、中伤意味的话语，也完全没有必要过分理会，甚至耿耿于怀。面对这种情况最好的办法就是淡然处之，不去计较。试想，如果故事中的嘉乐懂得这个道理，一定不会落得如此下场。

高山因为包容了每一块岩石，所以才坚毅挺拔；天空因为包容了每一片云彩，所以才广阔无边；大海因为包容了每一朵浪花，所以才浩瀚无垠。宽容是一种豁达、一种理解、一种尊重、一种坦荡，只有具备了容纳高山、天空、海洋的胸怀，才能收获更多的朋友、更多的友谊。

下面再讲一个发生在“二战”期间的真实故事：

一次激战后，战士瑞德和苏特与大部队失去了联系。两人在交谈中得知他们来自同一个镇子，对彼此更是多了一份亲密和信任。他们在森林中艰难跋涉，相互扶持、相互鼓励、相互安慰。然而三天过去了，他们依旧没有找到大部队，更不幸的是他们仅剩一点儿鹿肉可以充饥。正当他们筋疲力尽、饥渴难耐、倒在地上休息时，却听见敌人的脚步声临近，幸好他们机智巧妙地避开了。当走在前面的瑞德以为安全脱险时，忽然一声枪响，子弹打在他的右肩上。好在他把鹿肉绑在肩膀上，所以伤势并不严重。此时落在后面的苏特惶恐地跑过来，害怕得语无伦次，抱着瑞德的身体泪流不止，并赶快把自己的衬衣撕下来包扎瑞德的伤口。那天晚上，尽管两个人早已饥肠辘辘，但谁也没动鹿肉。后来，他们终于等到了部队的援救，脱离了险境。

事隔三十年，瑞德和他的家人提及这件事，说自己知道那一枪是谁开的，就是自己的战友苏特。瑞德回忆说：“苏特在抱住我时，我的脸碰到他发热的枪管。当时我不清楚为什么他要对我开枪，但我还是宽恕他了。后来我才明白，或许他是想独吞我背上的那块鹿肉。我们都有家人，都想活下去，他这么做，我也是能够理解的。我假装不知道此事，也未向人提起过。战争实在太残酷了，任何人都不要责怪他，而且他也不想把我置于死地，只是打伤了我的肩膀，说明他的心还是善良仁慈的。”正是瑞德宽广的胸襟，让苏特真心诚意地与他做了几十年的朋友。

朋友的数量与人的胸怀成正比。善待朋友，体现的是一个人的美德；包容朋友，体现的是一个人的胸襟。对于战士瑞德的胸襟，我们只能用“敬佩”二字来表达，他用自己宽广的胸怀包容了友人的不义，让一个本应是“敌人”的人变成了自己的朋友。

人生的旅途不会总是一帆风顺，每个人都会有各种各样的境遇。有些人的人生总是充斥着不尽的愤恨和埋怨，纠结自己说过的话，徘徊于走过的路，抱怨路途的泥泞、挫折的降临；而有的人却能包容别人的过失，永远沉浸在快乐幸福中。可见，人世间幸与不幸的差距从一定意义上说就在于人们各自怀有怎样的胸襟。

法国作家雨果曾说过："世界上最宽阔的是海洋，比海洋更宽阔的是天空，而比天空更宽阔的是人的胸怀。"没错，在这个世界上恐怕只有人的胸怀能够包容下宽阔的海洋、辽阔的天空。宽容是一根火柴，它能够照亮漫长的黑夜；宽容是一片绿叶，它能倾倒一个季节，让生活变成一幅五彩画。只要你能用广阔的胸怀去包容这个世界，那么就能拥有更多的朋友。

第6章

修炼个人魅力，瞬间 hold 住全场

要想 hold 住全场，受到大家的欢迎，就应该树立起优秀的形象——修养、气质、品格……它们直接影响到你在他人眼中的印象。只有具备了这些，你才具有影响力，才能增加成功的机会。

外表是你的第一张名片

尽管我们一再强调，不要以貌取人，要透过现象看本质，但在与人交往时，我们不得不承认，很多人都会犯这种以貌取人的错误。

我们知道，在人与人的交往中，印象占有很重要的位置，特别是初次见面时，彼此留下的第一印象往往会影响今后关系的发展。

第一印象是指人与人交往时，最初接触到的信息所形成的印象对我们以后的行为活动和评价的影响。例如，当你看到一个人在公共场合蓬头垢面，衣衫褴褛，满嘴脏话，你肯定不愿意接近他；相反，当你看到一个人衣着整洁，举止得体，声音柔和，你对他便会产生一种好感。不难看出，影响一个人印象的关键因素就是他的外表。

尽管我们一再强调，不要以貌取人，要透过现象看本质，但在与人交往时，我们不得不承认，很多人都会犯这种以貌取人的错误。在招聘面试时，考官有时会通过面试者的穿着打扮来推断其性格，从而决定是否录用；在商场谈判时，双方往往会凭借最初几秒钟的认识决定是否合作；在交友或相亲时，一方会通过另一方的穿着品位而决定是否与之继续交往……可见在生活中，外表已经成为人们的第一张名片。

外表留给人的印象总是鲜明的、根深蒂固的，更重要的是这种先入为主的印象决定了一个人对另一个人的态度。所以，一定要重视初次见面的机会，通过自己恰当的言谈举止和妆容打扮，给对方留下一个好印象。值得注意的是，一个人的外表不单单指穿衣打扮，还包括言谈举止和表情动作等所表达出的信息。下面就让我们来看看如何进行外表的修炼，从而更好地提升个人魅力，给他人留下好印象。

1. 整齐干净的仪表

从心理学的角度来说，人们习惯把那些外表吸引力强的人看作友善、智慧且乐于社交的人。虽然一个人的外表吸引力很大程度上依赖于天生，但事实上这也可以通过后天的努力来弥补、增强，例如通过化妆、衣着打扮等。或许你会说自己不善于化妆，也没有足够的金钱去购买时尚的服装，但不必为此哀叹。因为对于一个人的仪表来说，整齐干净最为重要。因此，当你出门时只要多加留意个人是否干净，头发是否脏乱，指甲是否太长，穿戴是否整洁、得体等即可。

2. 恰当的身体语言

在形成第一印象的要素中，重要性仅次于仪表因素的就是身体语言。研究表明：在人际交往中，身体语言所传达出的信息要比有声语言丰富得多，更重要的是这些信息具有非常高的可信度。因此生活中大多数人都会以这种最直观的方式，即通过解读他人的身体语言，来获得积极信息或消极信息，从而构建对他人的印象。因此为了建立良好的第一印象，你一定要学会借助恰当的身体语言来为自己加分。以坐姿为例，男士要伸开腿而坐，意为“自信”“豁达”；而女士则要并腿而坐，意为“庄重”“矜持”。

3. 儒雅幽默的谈吐

有位哲人曾说过：“幽默，可以将两个人的距离缩短为最小。”这是一个充满幽默感的时代，仅仅依靠朴实的叙述性语言已经不够了，所以与人沟通时，你的语言需要更加生动、更加有趣、更加幽默化。

4. 得体的行为举止

恰当的行为举止能拉近人与人之间的关系，而不恰当的行为举止则会令人反感。举例来说，在没有征询主人意见后就进入他的卧室、摆弄室内物品；在没有经同事同意的情况下就打开他的电脑；坐在他人的工位上，随意翻动他的笔记本等举动等，都会招人厌烦。所以，在与人交往中，一定要懂得三思而后行的道理，切忌无礼莽撞的行为举止。

5. 迷人的微笑

从古至今，对于微笑的妙用和魅力一直是人们颂之不绝的话题。微笑能展现一个人的快乐、幸福和希望，是拉近人与人心灵间距离的非语言工具。所以，无论身处何地，面对什么样的人，都要保持微笑。即便是在不能适应的场合或面对不喜欢的人时，你也要尽量克制，不要不合时宜地表现出自己的不适感或任何负面表情。

总之，幽默的言辞，优雅的举止，淡定自若的神态，必定会让你给他人留下难以忘怀的印象。

包装自己，塑造成功者形象

为成功而打扮，是人的智慧选择和本质目标。如果你想让自己在众人中脱颖而出，那么不妨为自己塑造一个成功者形象。

自我形象是指一个人展示给社会公众的整体印象，是自我表现和特征在公众心目中的反映，也是人的一种综合的动态的感觉。人的气质和内涵往往是通过个人的外在形象魅力反映出来的。换句话说，你穿什么样的衣服、戴什么样的手表、化什么样的妆容，以及什么样的神态、言谈和举止，都可以反映出你的个人品位和魅力。

其实在生活中我们不难发现，那些形象良好的人往往比较受人欢迎，并且他们总是能充满自信地大胆做事，能以积极的心态克服一切困难，因此做事时更容易取得成功；相反，那些形象差的人往往给别人留下糟糕的印象，让人不愿接近，并且他们常常感到自卑、胆怯、怕做错事，因此他们做起事来便常常会以失败而告终。

也许你不相信一个人的形象会有如此力量，下面让我们来一起了解一下英国反对党领袖邓肯·史密斯和劳动党领袖托尼·布莱尔的亲身经历，或许能让你更好地体会个人形象的重要性。

2002 年 9 月，英国反对党领袖邓肯·史密斯在接受 BBC 电视台记者采访时，面色茫然、毫无生气，并有气无力地用平乏的语调攻击首相托尼·布莱尔及其党派的政策。当记者问“你认为自己能否出任下一届首相”时，邓肯·史密斯先是低头沉思几秒钟，然后目光下垂，语气不太坚定地回答：“是的，我认为可以，但需要努力争取一下。”节目播出后，电视台收到许多观众的电子邮件及电话录音：“他自己都不相信自己可以成为首相，让我们如何相信他！”

邓肯·史密斯是英国反对党在认为前领袖威廉姆·休不能展示给英国选民一个良好的形象后，在 2001 年新换的领袖。前领袖威廉姆就被英国人戏称为“小老头”。只有四十多岁的威廉姆，看起来却像个走入暮年的老人，神色、语气都缺乏自信和朝气。邓肯·史密斯和威廉姆一样，最后都是因形象问题被撵下了政治舞台。在 2003 年 10 月 29 日，邓肯·史密斯以 75 票支持、90 票反对未能通过议会下院保守党议员的信任投票，经过两年的艰苦工作后，他仍然失去了保守党领袖的职位。

我们再看看劳动党领袖托尼·布莱尔。他总是满面春风，面带笑容，走路和说话时浑身都散发着热情和朝气。与邓肯·史密斯相比，他看起来就能够鼓舞他人，就像个出色的领袖。所以很多英国选民更愿将选票投给托尼·布莱尔。

我们不能评断邓肯·史密斯要比托尼·布莱尔工作能力差，但是我们可以肯定的是，邓肯·史密斯没有托尼·布莱尔智慧，因为托尼·布莱尔懂得为自己塑造一个成功者形象，以此俘获了人心。

美国著名形象设计师科瑞·安斯曾对上百位大型企业的总裁进行访问调查，结果显示：97%的总裁认为，懂得并能够展示自己形象魅力的人更容易获得升迁机会；95%的总裁相信，不合适的穿着会大大增加面试者的淘汰概率；93%的总裁表示，绝不会用不懂穿着的人做自己的助手；100%的总裁表示，若有关于形象提升的课程，他们一定会送子女去学习。通过以上的数据，我们可以发现，凡是成功者都格外注重形象问题。所以，我们在丰富自己内涵的同时，也一定要注重包装自己的外表，为自己塑造一个成功者形象。

那么什么才是成功者应有的形象呢？伦敦商学院的著名行为心理学家尼克森教授认为，成功者要有突出的优势，譬如高大，有魅力，有漂亮迷人的音质，有自信的手势，能充分利用身体语言进行沟通和交流，此外还要具备聪明、口才流畅、志向远大、勤奋、言行一致、果断等优势。

对于如何塑造成功者的形象，成功学大师戴尔·卡耐基先生也曾给了我们一些建议。

第一，要让自己看起来像个成功者。即像领导那样思考，多去读一些成功人物的传记；像成功者那样穿着，尽量穿着高质量和能给自己增加权威感的服装；像成功者那样行动，逐渐改善自己的身体语言，包括走路、坐立的姿势；像成功者那样讲话，默记“我是一个成功者”；像成功者那样处世，学会让别人喜欢、尊敬、拥护自己。

第二，要有足够的自信和热情。只允许那些积极的想法在脑海中存在；列出自己的优势，并相信这是你的财富；穿着让自己更自信的服装；坦然接受他人的赞扬；说话时，眼睛要与对方直视；用果断、坚定、热情的语气说话；不要自我贬低，也不要过分谦虚；首次见面时，握手要有力。

第三，要注重礼仪，守时守信。对于成功者来说，时间就是效率，就是金钱，守时就等于守信。迟到、失约虽然没有让天塌下来，但它却能动摇一个人的信誉基础，没有人会对你迟到的理由真正感兴趣。如果你估计自己要迟到，那么最好及时通知对方，告诉对方自己预计到达的时间，并向对方表示歉意。到达后，不要再喋喋不休地解释原因。

第四，不要让自己的舌头超越思想。愚蠢总是在舌头跑得比头脑还快时产生的，世界上任何一个成功者都是一个多听少说的好听众。

形象是事业成功的一个重要的游戏规则，它可能会为事业的发展推波助澜，也可能会破坏或阻挡事业的发展。成功的形象，展示给人们的是自信、尊严、力量、能力，它们不仅反映在人的视觉效果中，同时也能影响人的心灵。总之，一个人的内在无论有多么完美，终究还是要通过外在的修饰来展现魅力，所以，一定要学会包装自己，时刻为自己塑造一个积极、健康的成功者形象。

言行举止，小细节有大文章

《道德经》中有这样一句话："天下大事，必做于细。"其实，为人处世、与人交际都遵循"成于细节，败于疏漏"的社会规则。

小细节有大文章，越是细节性的东西，越能反映一个人的品质和修养。例如生活中有的人腰缠万贯，但却言辞粗鲁，举手投足间粗俗难耐，俨然一副暴发户的模样，招人厌恶；有的人口袋里没几个钱，衣着也朴实无华，但却举止大方，气度不凡，让人不敢小瞧。再以走路这样一个普通的行为为例，有的人走路时昂首阔步，气宇轩昂；有的人低头驼背，毫无精神；有的人左摇右晃，连蹦带跳；有的人端正大方，沉稳干练。同样的道理，一个人的语音、语调、站姿、坐姿、穿着、吃相等言行举止无时无刻不向他人传递着自己的修养、品位、性格、学识等多方面的信息。

大事都是由不起眼的小事组成的，唯有将每件小事做好，才有可能成就大事业。因此，精细者常常因重视细节而在社会竞争中脱颖而出，粗心者则常常因忽略细节而在社会竞争中功亏一篑。

一家大公司招聘电脑程序员，有很多大学生都来应聘。经过一轮一轮的淘汰，最后剩下四个人。这四个人都毕业于名牌大学，并且都有着扎实的专业知识和过硬的工作能力。但这个职位只需要一个人，公司的人事经理一时很难取舍，便决定再进行一次面试，找出最优秀的人才。

相对于第一次面试，这次面试要轻松得多。人事经理只是和四个人围坐在圆桌前闲谈。在聊天的过程中，一位女同事还为他们每个人倒了一杯上好的龙井茶。这次交谈大概进行了一小时，当人事经理宣布面试结束时，四个人都很诧异，他们本以为这段时间的闲聊只是面试的前奏。

人事经理清了清嗓子说：“我已经有了结果。”四个人瞪大了眼睛，希望人事经理会喊出自己的名字。然而最后的结果却让四个人都大为震惊。人事经理说：“虽然四位都很优秀，但是很抱歉，我没有找到合适的人选。其实你们的知识水平和能力都是合格的，不过我们公司在选择人才的时候更看重他的总体表现，尤其是那些别人易忽视的小细节。刚才那位女同事在给各位倒水的时候，你们吝啬得连一声‘谢谢’都没说，所以我很失望。”

上面故事中的四个人为什么落选，答案已经很明了了，就是忽略了言行举止上的细节问题，因此即便他们都很优秀，人事经理也不予录用。

再给大家讲一个故事：

刘潇是一家洁具公司的销售经理。有一次，一家大型商务酒店需要采购1000个洗手台，刘潇去跟他们谈这笔生意。因为这家酒店的采购量非常大，因此很多洁具公司都盯上了这块“肥肉”，并且志在必得。因为大家的价格都相差无几，所以说如果谁能够和对方董事长相处得愉快，谁就能拿下这笔订单。

第二天，刘潇和酒店的董事长见了面。这位董事长是一位六十多岁的老人，看上去非常严肃。见到董事长时，刘潇大步走上前，身子微倾，非常谦恭地说：“张董，您好，我是‘洁卫’公司的销售代表刘潇，很高兴见到您。”他边说边双手奉上自己的名片。张董看了一眼名片，点了点头说：“坐吧。”刘潇就站在椅子旁，但他没有立即坐下，而是等张董坐好后，才落座。然后，两个人就购买洗手台的事情谈了起来。

在交谈中，刘潇很是谨慎，尽量恭敬有礼。在谈话中途，张董突然起身说：“不好意思，我要去下洗手间。”刘潇笑着说：“您请便。”然后立刻站起来为张董把办公室的门打开。等张董回来后，两人继续洽谈。整个交谈过程都很愉快，最后张董让刘潇等消息，说自己再考虑一下。刘潇向张董表示了感谢，并把椅子摆好，然后离开了办公室。就在刘潇回到公司不久，张董就打来了电话，让他第二天去签合同。

签合同时，张董对刘潇说：“小伙子，你是我见过的最好的销售员，因为你把每一个细节都做得非常完美。其实不管做人还是做事，懂得把细节做好的人都是值得肯定的，所以我愿意跟你合作。”

在人际交往中，越是微小的细节越能打动人心。从刘潇的故事可以看出，他就是通过细节打动了张董，从而在众多竞争对手中脱颖而出，赢得了订单。

托尔斯泰曾说过：“一个人的价值不是以数量而是以他的深度来衡量的，成功者的共同特点就是能做小事情，能抓住生活的一些小细节。”海不择细流，故能就其深；山不拒细壤，方能成其高。最后，希望人们能和刘潇一样，学会通过细节取胜，通过细节成就自己。

以微笑示人，巴掌不打笑脸

一个微笑，花费得不多，却价值不菲，给的人幸福、收的人回报；一个微笑，仅仅几秒便转瞬即逝，却能留下终生美好的回忆。

微笑对每个人来说都是一种无价的财富。当我们对自己微笑时，便能很快将自己心中的不悦抚平；当我们对别人微笑时，便能立即将自己的真诚、善意传递给他；当我们彼此微笑时，便能因此多一份亲密，多一份喜爱。

刘婷是某公司的“工作之星”，可别看她年纪不大，相貌普通，而且胖得有点儿臃肿，可仔细端详就能发现她的特色：眼睛似笑非笑，总是眯成一条缝。你可不要小看这张脸，“它”还是销售部经理从后勤仓库挖“角”挖过来的呢！

一次，公司里来了一位蛮不讲理的客户，起因是他购买的机器已经过了质保期，但他非要更换一台新的，眼看身经百战的业务员且战且退，快要顶不住的时候，身为后勤点货员的刘婷正巧经过此地，用自己的绝招解决了问题。

刘婷笑眯眯地给客户点头哈腰，还给他倒了一杯热茶。客户见小姑娘这般客气，气氛一下子缓和了不少。当然，客户的火气一消，后面的事情就好办多了。在协商中，刘婷从客户的口音中居然听出对方是自己的老乡，于是接下来就是“老乡见老乡，两眼泪汪汪”的一幕了。随着刘婷嘴里甩出一串串方言，客户的脸上逐渐变怒为喜，最终接受了刘婷提出的和解及维修方案。

一场火药味十足的危机被刘婷三言两语地化解了，确切地说，刘婷的笑脸更功不可没。常言道：“巴掌不打笑脸。”这不仅是为人处世的一种经验之谈，还是一种文化的象征。试想一下，当朋友或同事发火时，你先放低姿态，然后再加上一个充满歉意的笑脸，这等于是你先举起了白旗，那么对方也难以狠下心来向你“开枪”了。相反，如果对方已经怒火中烧，你依旧和他对着干、来硬的，那么只会加速彼此的关系破裂，使事情更加恶化。

著名广告制作人弗莱契先生曾写过一篇叫作《圣诞一笑》的文章，它向人们展示了微笑的神奇作用。其中有一段是这样描述的：“微笑发生虽只是一瞬间之事，但是却可以永远留在记忆之中；微笑可以让受者获益，给者不损；微笑不花费什么，却能产出很多，它可以产生快乐，让疲倦者得到休息，让失望者获得阳光，让忧虑者消除心中的痛苦……”的确，弗莱契说得没错，微笑让我们受益颇多。然而遗憾的是，并不是所有人都善于微笑，都会微笑。

下面让我们进入微笑训练，看看如何才能给他人展示出一张迷人的笑脸。

若想呈现出迷人的微笑，首先要懂得在心理上下工夫。当你拿着镜子练习微笑的时候，不妨构想镜中人就是你最喜欢的人，这个人可以是你的父母、你的爱人或你的孩子。当你含情脉脉地注视着自己最喜欢的人时，心中一定充满了喜悦和赞美，所以此时你的笑容也必定真诚自然，温暖而迷人。

有了发自内心的情感积淀，下面就可以进行面部练习了。这里有个两步训练法。第一步叫作眉开眼笑。具体地说：先用手遮住自己的鼻子和嘴，只露出眼睛，然后眉头舒展，眼角微微上提，练习让眼睛笑起来。练好了这一步，即便是戴着口罩，你也能把笑容传递出去。

接下来的一步叫作嘴角上翘。面对镜子，摆出一个“一”字口形，然后用力抬高嘴角两端，下唇与上唇并拢，不要露出牙齿。经过长期反复地嘴角上扬练习，你面对他人时就可以轻松使嘴角保持自然上扬的状态了。此外，你也可以咬住一根筷子，露出上排牙齿，并用双手按住两颊肌肉，调整嘴角上扬的角度，直到你认为是最好的位置，然后把筷子拿掉。最美丽的微笑一般是露出六颗到八颗牙齿，注意不要露出牙根。这一步练习不但会使你的笑容看上去更自信、开朗，而且还会使你原本有下垂趋势的面颊肌肉逐渐紧实，达到美容的效果。好了，现在镜中的笑容就是你最理想的微笑表情，请你坚持练习吧！

微笑是人类最美丽的表情，它能给人以自信，给人以勇气，给人以坚强，给人以温暖；微笑是化解敌意的溶剂，当你与人发生矛盾时，它能溶解对方的敌意，使其在不知不觉中折服于你的人格魅力；微笑又是化解尴尬的润滑剂，当你与朋友出现摩擦而变得生涩时、与同事因过去的误解而无颜面对时，它就能弥补裂痕，让彼此间更加和谐……请学会善待自己，学会宽容他人，以微笑示人，从而让微笑改变你的生活，改变你的命运。

可以温和，但绝不软弱

为人可以温和、可以善良，但不能软弱、不能逆来顺受，否则就会给人一种无能的感觉，甚至认为你好欺负，进而从日常的举止、言语、态度上戏弄和伤害你。

人生在世，待人接物，理应和颜悦色，与人为善。虽然由于利益的纷争，人们的生活也少不了这样或那样的矛盾，但在大多数情况下，人们还是能够和气相处的。因为只要矛盾不是很尖锐，退一步也相安无事，于是凡事好商量、有话好好说也就成为大多数人的处世之法。然而这种温和的态度以及退让之策，并不是每次都会奏效。

有这样一则寓言故事：

曾经有一条大蛇危害人间，伤了不少人，以致农夫不敢下田耕地，商贾不敢外出做买卖，父母不敢让孩子上学，到最后，人人都闭户不出。大家绝望之际，突然想起山上寺庙里有一位高僧，听说这位高僧讲道时连顽石都能被点化，凶残的野兽也都能被驯服。于是，大伙儿决定求救于高僧。

高僧果然佛法无边，很快就驯服并教化了那条大蛇。大蛇仿佛有了灵性一般，听过高僧的教诲后，明白了许多为人处世的道理，不再迫害人畜。人们渐渐发现大蛇变了，变得畏怯与懦弱起来，于是他们开始欺侮它，有人拿皮鞭打它，有人拿石头砸它，后来连一些顽皮的小孩也敢拿木棍去逗弄它。

一日，大蛇遍体鳞伤，奄奄一息地爬到高僧那儿。高僧见大蛇如此德性，不禁大吃一惊，问："你怎么啦？"大蛇一时间为之语塞。高僧的眼神满是关怀，说道："别急，慢慢说！"大蛇低声说："大师，你不是一再教导我应该与世无争，和大家和睦相处，不要做出伤害人畜的行为吗？可是你看，人善被人欺，蛇善遭人戏啊！"高僧叹了一口气后说："我只是要求你不要伤害人畜，并没有不让你昂首吐信地吓唬他们啊！"大蛇听完后，吐了一下信子，就死掉了。

故事中的大蛇受高僧点化，由凶残变得畏怯，甚至有些懦弱，由随意伤人变得任人欺凌，且不管这种变化是否真实可信，但这个故事至少告诉我们一点：做人不能太软弱。

在现实社会中，总有一些人欺软怕硬，得寸进尺，把妥协退让当成软弱可欺。你越是步步后退、谦恭礼让，他越是步步紧逼、不依不饶。在这样的情况下，我们就必须采取强硬的态度和手段。

《水浒传》有这样一段：有一群泼皮无赖，整日偷鸡摸狗，不务正业，以到大相国寺的菜地中偷菜为生，还经常欺负寺中的和尚。鲁智深知道后，原本想好好跟他们讲讲为人处世的道理，然而那群无赖有眼不识泰山，欺负他是新来的，想给他一个下马威。结果被鲁智深打入了粪坑，吃了大亏，最后终于服了软，叩头求饶，大喊再也不干坏事了。

这个故事中，鲁智深用强硬的手段将那帮人打得服服帖帖。试想，如果鲁智深像那些管理菜园的和尚一样，想以理服人，感化他们，那么他不仅制伏不了这群无赖，还会吃大亏。

当然，为了显示自己的强硬，也不能走向另一个极端，无论什么事总是好勇斗狠，态度强硬。一个人太过强硬，必然让人觉得他浑身带刺，不好相处，从而使自己身边的朋友越来越少。

其实，我们需要的是软硬兼施的行事策略。这一点，对于涉世不深、初入社会的人更有必要好好学习。做人做事，软硬兼施，才是有“心眼”的处世哲学。软与硬，作为一种策略，或作为一种交际手段，在使用过程中要讲究艺术。从理论上说，软，体现的是友善、涵养、通情达理；硬，则彰显尊严、原则和力量。在交往中，软与硬是相辅相成、密切联系的。为人软弱，就会给人以无能的感觉，认为你好欺负，进而可能会伤害你。

生活是复杂的，人的情绪也是多变的，在不同的时刻、不同的事情上，人们会采取不同的态度和策略。因此，人要机警一些，针对不同的情况随机应变，采用最恰当的方法灵活应对。

世人多少都会有点儿欺软怕硬的毛病，这是人性使然，所以请切记，可以温和，但绝不能软弱！

拥有打动人心的幽默感

这是一个充满幽默感的时代，仅仅依靠朴实的叙述性语言已经不够了，与人沟通的语言需要更加生动、更加有趣、更加幽默化。

一般来说，与中国人相比，西方人天生具有幽默感，举手投足间都透着一种打动人心的喜感。

含蓄的中国人一向缺乏幽默感，确切地说，中国人不是缺乏幽默感，而是不重视幽默感。一般来说，西方人会把幽默感当作上帝赐予人类最珍贵的礼物，把具有幽默天赋的人视为思维活跃、头脑聪慧之人，而中国人有时却把幽默感当作难登大雅之堂，把幽默之人当作油嘴滑舌、油腔滑调之人。

或许你也是一个不懂幽默的人，但在这个充满幽默感的时代，仅仅依靠朴实的语言进行交际，已经远远不够了。幽默能够化解冲突和矛盾，能够拉近人与人之间的距离，能够淡化人的消极情绪，能够排解忧愁和痛苦，能够释放压力和烦恼……幽默就是一种捕捉生活中乖谬现象的敏感力，一种巧妙地揭露人际关系中矛盾冲突的智力。

下面让我们来看两个故事。

故事一：一次，德国柏林空军军官俱乐部举行盛大的招待宴会。宴会上最尊贵的宾客要算乌戴特将军了，人们都纷纷向他敬酒致敬。有一位年轻的军官也想表达自己的敬意，但由于过度紧张，竟将酒洒到了乌戴特将军光亮的秃头上。年轻军官顿时失色，周围的人也都目瞪口呆，宴会厅一片沉寂，大家都为这位军官捏了一把汗。这时突然传来乌戴特将军爽朗的笑声，他对颤抖的年轻军官说："小伙子，你认为这是治疗我秃头的有效方法吗？"乌戴特将军的一句话，把在场的所有人都逗笑了。音乐再次响起，大家觥筹交错，其乐融融。

故事二：公司销售部门经理空缺许久，办公室里个个都是杰出的人才，大家为此争得不亦乐乎。后来出乎大家意料之外的是，老总居然从别的部门调来李铭担任新的部门经理。对于这位空降的领导，办公室里的人个个摩拳擦掌，准备给他点儿颜色看看。几个原来相互争斗的主管，这时也统一了战线，团结在一起。

李铭在就职会上致辞，先面带笑容地向大家深深鞠了一躬，然后说："能到这里来，全要感谢大家，因为这里的人才太多，据说谁当上经理，就是一种惩罚。所以按照以往的情形看，找来我这么一个有运气的笨蛋。"李铭的话引得大家忍俊不禁。他继续说道："笨蛋就像个蜡烛的芯，看起来最亮，又在蜡烛的最高点、最中心。其实它最惨，它永远是被烧，还是被烧得焦黑，你们看我这么瘦，能烧多久啊？"大家又相视而笑。李铭又向大家鞠了一躬，说："要知道蜡烛芯自己是不能燃烧的，全靠四周的蜡油。所以，拜托各位同事，请大家相互合作，让我们部门的蜡烛烧得更旺些，不过千万别把我烧焦了！"一屋子的人早被李铭的话所感动，把要修理他的事忘得一干二净。

聪明的人不一定幽默，但幽默的人一定聪明。我们知道，面对问题时，直面抨击或直言相对只会引起更大的冲突，然而幽默则采取迂回的方式，避免正面面对问题，因此不会造成太尖锐的矛盾，且比正面说更能令人接受。正如上面的两个故事，乌戴特将军和李铭都是借助幽默化解了人际交往中的冲突和尴尬，并凭借幽默感赢得了大家的喜欢和认可。

有位哲人曾说："幽默，可以将两个人的距离缩短为最小。"的确，人与人之间有时只是一转身的距离，而幽默就能完成这种完美的转身。幽默是人与人沟通时最好的润滑剂，是最能打动人心的社交武器。有幽默感的人，更善于与其他人沟通，即便表达反对意见时也不会让人反感；有幽默感的人，总会成为聚光灯下的主角，人人都愿意和他们聊上几句；有幽默感的人，尴尬时刻善于自嘲，即便是在公共场合摔跤，也能从容站起来，一笑化解。

幽默犹如一杯清茶，滋润着人的心田；幽默犹如一块奶糖，令人备感甜蜜；幽默又犹如阵阵清风，让人展露笑颜。生活因幽默而变得轻松，人生因幽默而变得更加生动。如果你让生活充满了幽默，那么你的人生也就充满了精彩。

经营好自己的长处

每个人都有短处和长处。如果你错误地经营自己的短处，那么你的人生只会贬值；相反，如果你懂得经营自己的长处，那么你的人生便会增值。

富兰克林说："宝贝放错了地方就是废物。"人生成功的诀窍就在于经营好自己的长处。众所周知，前微软公司总裁比尔·盖茨的最高文凭就是高中毕业证。当年盖茨考上了哈佛大学法律系，而痴迷于计算机编程的盖茨一心想成为世界一流的编程员，遗憾的是那时哈佛大学没有计算机专业，所以他最后选择退学经营自己的电脑公司。结果只有高中文凭的盖茨成功了，铸就了自己的商业帝国。法国近百年来最年轻的首相约翰·梅杰，47岁登上首相宝座，为世人所瞩目。其实梅杰幼年时也无超人的智慧，16岁时还因成绩差而退学，后来又因心算差未被录取为公共汽车售票员。对此许多人想不通：一个连售票员都不能胜任的人怎么能当首相？针对这种怀疑，梅杰在一次谈话中打趣地说："首相不是售票员，用不着心算。"

从上面这两位成功人士的经历中可以看出：一个人成功与否，并不完全取决于学历的高低，在很大程度上取决于他能否扬长避短，经营好自己的长处。

露珠于枫叶上，光彩夺目；露珠于荷叶上，苍白而透明。同样的露珠被不同事物映衬，就会产生截然不同的效果。自然界万物如此，人类社会也是如此，人在不同位置会产生不同结果。尺有所短，寸有所长。每个人都有自己的短处和长处。如果错误地经营自己的短处，那么你的人生只会贬值；相反，如果懂得经营自己的长处，那么你的人生便会增值。

彭丽原本是一家公司的小职员，因为英语口语非常好，所以很受老板重视，只要是和外企谈合作，老板都会带着彭丽去。彭丽也不负众望，每次都能用她的专长为老板签下合同。彭丽自己也清楚，能在这个大公司站稳脚跟，受到老板赏识的关键是自己的长处——英语。

然而有一次，老板带着彭丽和一家外企谈生意，洽谈很顺利，最后对方要求他们用英语写一份计划书。老板把这项任务交给了彭丽，但这可让她为难了。彭丽的口语很好，可写作能力却逊色许多，尤其是要书写如此专业性的文件。彭丽思来想去，决定告诉老板自己写不了。就这样，老板不得不找另一个同事来做。这件事之后，老板似乎不那么重用彭丽了，有重要的英文谈判也不每次都带着她。彭丽看着自己在公司日渐受到冷落，于是下定决心，努力地学习英文写作。她翻出大学课本，参加补习班，并利用一切可利用的时间学习写作。

有一天，老板让彭丽送一份英文文件给客户。彭丽接到文件后，并没有立即送过去，而是仔细地检查了一遍，果然文件中有一处严重且不易发现的错误，于是她立即汇报给老板，从而让公司避免了损失。老板对彭丽工作认真的态度大为赞扬，并且对彭丽的写作水平提升得如此快感到惊奇。彭丽对老板说："虽然我的长处是英语口语，但我如果满足于此就难以再有进步。因此，只有让我的英语能力变得更加全面，才能为公司带来更多利益。"当然，在这之后，彭丽再次受到老板的重用，最后还坐上了部门经理的位置。

山外有山，人外有人。在竞争激烈的社会中，总会有人比你的能力强，比你的水平高，而你唯一可以制胜的法宝就是自己的长处。但是，长处不会一直是你的专利，所以无论你获得多么稳固的工作，多么受人重视，都要像彭丽一样不断巩固和强化自己的长处，让长处发挥更大的价值。

对于如何经营好自己的长处，有以下几点建议：

1. 要善于发现自己的长处。有长处不能发现就等于没有长处，所以，经营长处的前提是能够发现长处。

2. 找到自己长处的用武之地。只有让长处有发挥的空间，才能让你有源源不断的动力去经营它。

3. 不断地比较。每当利用长处完成一件事时，就要把自己预期的结果和现实的结果做比较，这样可以有效地帮助你找到自己长处的缺陷和不足，从而完善自己的长处。

4. 多去涉猎各类知识。掌握一技之长的人有时对其他领域的知识嗤之以鼻，其实专长和能力犹如一张大网，需要借助各类知识和能力才能编织起来。

人生只有靠自己的长处才能获得成功，正如善歌者会走向舞台，善说者会走向讲台，左右逢源者会进入商海，踏实肯干者会成为幕后英雄。成功的人无不是利用自己的长处来获得成功的。从现在开始去经营你的长处吧！经营长处就等于为自己存下了一笔利率最高的存款，从而让今后的人生不断增值。

增强自己的“人格魅力”

人格魅力是道德品质的集中反映，是理想和追求的外部表现，是灵魂的折射。具备什么样的人格，也就决定了一个人会有怎样的人生追求和价值目标。

一个人成功的途径和方式有很多种，但我们不难发现，成功者一般都具有优秀的品质和崇高的人格魅力。正如世界伟大的成功学大师所说：“人格魅力是奠定成功的基石。”

在当今社会，为人处世的基本点就是要具备人格魅力，一个人能否受到别人的欢迎、容纳，往往与他是否具备人格魅力有关。或许很多人都不太清楚何为“人格魅力”，要想弄清楚这个概念，首先要知道什么是人格。

简单地说，人格就是人的性格、气质、能力等特征的总和，也指个人的道德品质和人能作为权利、义务的主体的资格。

“人格魅力”的概念是“人格”一词的衍生品，了解了“人格”，那么“人格魅力”的意思也便明朗了。人格魅力，即指一个人在性格、气质、能力、道德品质等方面具有的吸引力。

人格魅力是一种导引，是一种精神，是一种独立于外貌和才能的修炼。在生活中我们不难发现，有些人虽样貌出众，华衣蔽体，有钱有势，但在人格上却有所缺失，不为人所重；而有些人相貌平平，才智一般，却可以卓然而立，让人肃然起敬。可见一个人的品质和素养的高低所表现出来的人格魅力，往往决定了他在社交活动中所处的地位。

人格魅力不受时间的限制，不会随着时间的推移而消失。正如那些古代、近代人的人格魅力仍在影响着我们一代又一代人：司马迁身负大辱仍为民族修史记事的坚韧；范仲淹“先天下之忧而忧，后天下之乐而乐”的忧国忧民之坦荡胸怀；文天祥“人生自古谁无死，留取丹心照汗青”的大义凛然；戊戌义士谭嗣同坐等清廷拘捕，愿为变法做流血第一人的豪情……他们都是我们华夏历史上的璀璨的明星，他们身上迸发出的人格冲击力和辐射力，随着时间的沉淀，更加受到世人的颂扬。

人格魅力是人道德品质的集中反映，是理想和追求的外部表现，是其灵魂的折射。一个人具备什么样的人格，也就决定了他会有怎样的人生追求和价值目标。人格魅力并不全是天生的，它完全可以通过后天的修炼获得。以下是心理学家提供的几种培养人格魅力的方法，不妨参考一下：

1. 无论何时何地、面对何人，都要举止文雅，礼貌有加。

2. 具有接受批评的肚量和敢于自嘲的勇气。

3. 要对他人显示出浓厚的兴趣和关心。大多数人都喜欢谈论自己，因此在与人交际时要尽量引导对方表现自己。

4. 与人交流时，要敢于直视对方，和他们的目光接触，使对方产生知己感、信任感。

5. 博览群书，增长见闻，以至于在交谈中有话题。

6. 慷慨大度，这样才能获得别人的欣赏和喜爱。

人格魅力不是追求完美，而是发展积极的心态，表现真实的自我；人格魅力不是刻意表现，它存在于人的骨子里，是一种自然的发散。一个健康的人格不是天生就具有的，也不是一下就能轻松获得的，它需要一点一点地积累。总之，只要你平时注意培养自己正确的思想观念、良好的心态、乐观的生活态度，就能塑造出独具特色的人格魅力。

第7章

宁可不识字，也不可不会识人读心

与人交往时，首先要观察对方，然后再决定如何迎合和适应他。无论是与严肃的人还是与随和的人相处，都要做到胸有成竹，这样才能在人际交往中获得更多的帮助。

衣如其人，装扮是性情的流露

古语有云："相由心生，衣如其人。"人的善恶虽源于内心，却可以在面相上有所显现；人的性格虽源于本性，却可以从衣着上有所体现。

人每天都会为自己的穿着打扮费些心思，即使那些不修边幅的人也会如此。衣服最早的用途是遮体保暖，而现在，它的功能已远超于此。人在选择衣着的时候，总会考虑到方方面面的问题，如款式、年龄、用途、价格等，而凭借这些信息就足以识别一个人的身份、地位、经济情况、教育程度、精明度、可信度、背景以及其循规蹈矩的程度。

生活中许多服装销售员都是读心高手，他们可以仅仅凭借客人的穿着解读出大量信息。例如，服装店的销售员彤彤，当她看到一位衣着时尚的女士进入她的店铺后便引发了一系列的思考：她这身衣服想要表达什么样的信息？她是为别人这么穿的，还是为自己？她用这身衣服彰显权势、自信、干练，还是财富？当彤彤将这些问题串联起来后，心中便有了答案——这位女士是个喜欢张扬个性且不在意金钱的人。最后，彤彤根据那位女士的特点推荐了一件最适合她的衣服，销售成功。

对于涉世未深的人来说，在识人辨人上总是有所欠缺，既然衣着是一个人品行的外在表现，那么完全可以通过穿着来判断对方到底是个怎样的人。下面就让我们具体了解一下不同衣着究竟隐藏着怎样的性格。

以节约原则为主的人

这类人在购买衣服时，最看重的是价格。对于自己所要购买的衣服，他们会全力以赴、寸步不让地讨价还价。不难理解，这类人会特别看重金钱，即使是一分钱他们也要仔细计算好它的利用价值。由于对金钱方面的谨慎，这类人喜欢用金钱去衡量身边的人或事，且时时考虑自己的利益得失，故他们身上往往缺少些人情味，并且有些势利。

以讲究原则为主的人

这类人在购买衣服时会十分注重衣服的质地、做工，以及是否美观和具有气质。这类人大多有强烈的求知欲望，有明确的人生目标，清楚自己的能力和价值，懂得如何获取属于自己的东西。这类人要求较高，喜欢享受，不过他们的要求和享受都是建立在付出的辛勤汗水之上的。也正是因为他们懂得付出，善于拼搏，他们的目标和理想大都能得以实现。

以实用原则为主的人

这类人选择衣服的标准仅仅是为了蔽体和保暖，款式和时尚对他们来说都是无关紧要的事情。这类人日常消费很低，能省钱，属于勤俭持家型。他们性情忠厚，有爱心和同情心。

以唯美原则为主的人

这类人购买衣服时只要求好看，至于价格、质地等方面都是次要的。这类人对于一切美丽的事物都有十分灵敏的感觉，他们以视觉美为最高的目标。不过这类人在生活中大多喜欢吹嘘，不注重实际，因此很难有大成就。

以思想愉悦为主的人

这类人不喜欢追求时尚，对于商店橱窗中展示的新潮服装往往不屑一顾，而那些既简单又保守的服装才是他们的最爱。这类人不在乎物质上的享受，对旁人的评头论足也不在意。他们更看重的是精神上的富足，有时为了买到理想中的衣服，他们常常会耗费许多精力和时间。

以树立形象为主的人

这类人选择衣服常常不以自己的好恶来决定，而考虑的是能否给别人留下一个好印象。这类人处世严谨，喜欢追求完美，他们时刻都想着如何在他人心中树立好的形象，当然这也从侧面反映出他们相当重视权势和声望。

从谈吐风格洞察一个人的个性

一个人的日常谈吐，往往包含了许多话外之音，这些话外之音是不容易被人所洞悉的，因此，能够洞悉他人的话外之音便成了一种难得的能力。此外，这些话外之音很可能就是你命运的一次契机。

中国古代著作《礼记》中记录着这样一段话："凡音之起，由人心生也。人心之动，物使之然也。感于物而动，故形于声。声相应，故生变。"不难看出，人们很早就深谙人对任何事物的感悟必然会体现在言语上的这一事实。换言之，从言语风格上，我们就可以洞悉一个人的心意、情绪、心理以及个性。

在当今社会，一个人能否在言谈中洞察他人的性格特征是影响自己成功与否的一个关键因素。因为针对不同性格的人，我们必须采取不同的交往策略。然而对于大多数人来说，要想掌握从谈吐风格洞察人的性格这项技能并不容易，因为这需要具备丰富的人生阅历与敏锐的观察和分析能力，而这些往往是他们所欠缺的。以下是读心高手总结出的一些听音识人技巧，希望它们可以有效地帮助你更好地掌握这项技能，从而更好地了解他人的个性。

口若悬河型：这类人一般口齿伶俐，能说会道，说起话来就像机关枪一样停不下来。一般惯用这种说话方式的人分为两种：第一种是思维敏捷、善于言谈者。他们能够轻松将许多时髦词汇、复杂理论挂在嘴边，迷惑那些辨识力差、阅历浅的人。初与这种人接触时，大多数人可能会认为他们是那种知识丰富，又善于表达的人才，但长时间接触就会发现，他们对任何一件事都说不到点子上，只是吹得天花乱坠。第二种是确实知识面比较宽、懂得的比较多的人，但他们一般只会在遇到自己感兴趣的话题时，才滔滔不绝地说个不停。总之，对于这种口若悬河型的讲话者要细致区分。

幽默风趣型：诙谐幽默的谈吐风格往往是一个人智慧的体现。惯用这种讲话方式的人大多开朗乐观、聪明智慧、活跃好动。他们善于调节气氛，常成为人群中的焦点，有他们在必能避免冷场的尴尬。

一板一眼型：这类人一般比较保守，谨小慎微，性格沉稳，稍显内向，说话做事循规蹈矩，按部就班。他们不喜欢开玩笑，说话讲究分寸，该说的就说，不该说的绝对不说，但有时候由于过分规矩，会显得有些呆板、固执，给人一种不通情达理的感觉。

直爽简明型：这种心直口快、讲话不拐弯抹角的人，大多坦诚、直接、胸无城府。在文学作品里，这种语言风格也多体现在英雄豪杰身上——粗犷而直白，真诚而坦率。这样的人非常值得信任，且容易交往。他们的性格优点是豪爽仗义，精神饱满，热情奔放；缺点是易冲动，说话过于直接，不顾及他人感受，常出口伤人。

婉转含蓄型：这是相对直爽简明型而言的。这种谈吐风格的人感情细腻，但易敏感、多疑。这类人不愿让别人了解自己内心真正的想法，时刻注意别人对自己的想法和感受，属于非常理性、谨慎的一类人。他们很会拿捏分寸，每句话出口前都会反复权衡利弊，内心的想法颇多，但往往不愿对旁人倾诉，因此常给自己造成很大压力，形成一种忧郁的性格特质。此外，这类人有时会给他人一种不真实、不坦率的感觉。

人云亦云型：这类人有一定的知识、经验，但为了维护自己的利益，他们总是人云亦云，跟在别人后面发言，讲大家说过的话题和观点。不难理解，这类人大多没有主见，很少发表自己的观点。

貌似博学型：博学型的他们的确很聪明机智，但常常自恃聪明，不求甚解，了解些皮毛便自以为是。对于这类人，不能说他们什么都不懂，也不能说他们什么都懂，形象地说就是那种"一瓶子不满，半瓶子晃荡"的人。

避实就虚型：这类人在与人交谈时，若涉及实质性问题，便会支支吾吾，含含糊糊，顾左右而言他，反正是不敢拍板表态，唯恐出什么问题牵扯到自己。这类人比较圆滑，喜欢避重就轻，例如，容易的事情就留给自己做，稍有难度的事情就会让其他人代劳、帮忙。

说话文绉绉型：有些人说话喜欢引经据典、罗列词汇。这类人有丰富的知识和经验，对人情世故也有很强的洞察力，但是他们常常会给人一种造作的感觉。

满口新词、新理论型：这类人喜欢新鲜事物，且接受新鲜事物的能力也很强，并能够在生活中运用自如。这类人性格直爽，想说什么就说什么，口无遮拦；他们的缺点是没有主见，易反复不定，犹豫不决。

满口专业术语或生僻词汇型：这类人大多比较自卑，他们希望用一些专业术语或生僻的词汇来显示自己多么有教养、有学问。其实，通常他们对事物没什么独特的见解，只是人云亦云罢了。

留意小动作，背后藏玄机

人类的许多秘密都是从下意识的毛孔中流溢出来的，而这种下意识则反映在不经意的小动作中。换句话说，谁能够在生活中成功破解小动作的密码，那么他就能够瞬间看穿对方的心理。

据有关统计显示，在非网络化的人际交往中，大约 83% 是通过视觉、3.5% 是通过嗅觉、1.5% 是通过触觉、1% 是通过味觉进行的，其中听觉不过占到 11% 而已。美国口语学者雷德蒙·罗斯在研究报告中指出："在人类活动所得到的信息总量中，有 65% 的信息是非语言信号传达的，其中仅仅是面部表情就可传递 65% 中的 55% 的信息。"对此，美国传播学家艾伯特·梅拉比安提出了一个更具有冲击力的表达公式：信息表达 =7% 的语调 +38% 的声音 +55% 的表情。以上这些具体的数字都在提醒人们：在人际交往中，除了揣摩他人语言的含义外，还要解读身体语言的密码。

在医院的候诊室里，萧峰的目光被对面一位魅力十足的黑衣女子所吸引，确切地说是被她的微笑所吸引。当萧峰确定这位女子的微笑是投给自己的时候，他毫不犹疑地坐到她的旁边。正当萧峰向黑衣女子大献殷勤时，与萧峰同行的一位女性朋友从另一侧坐到他身边，然后悄声地在他耳边说："算了吧，萧峰，在她眼中，你就是个笨蛋！"听闻此言，萧峰顿时目瞪口呆，因为这位黑衣女子一直在冲自己微笑。

其实，萧峰犯了大多数男人都会犯的错误，误解了女性紧闭双唇的微笑所代表的含义。这种双唇紧闭且向后拉伸形成一条直线式的微笑，所代表的意思是微笑者隐藏了不为人知的秘密，或是不愿与对方分享自己的想法、观点等。大多数女性在遇到自己不喜欢的对象且又不想让对方知道这一点的时候，常常会露出这样的微笑。在女性眼中，这种微笑就是一种非常明确的拒绝信号，而许多男性有时却很难明白这种微笑背后的深意。

一个人的真实意图可能会被巧妙的辞令所遮掩，但他的身体语言往往能将它暴露无遗，下面就让我们看看生活中那些常见的小动作背后究竟隐藏了怎样的玄机。

触摸嘴唇：通常情况下，当一个人有难言之隐时，或是准备撒谎时，或是说了不该说的话时，就会不自觉地做出这个动作。

抚摸下巴：人们在聆听别人讲话的过程中，大多会不自觉地将一只手放在脸颊旁边，这是一个典型的思考手势。随着交谈的进行，人们往往会停止这种思考的手势，转而用手抚摸下巴。其实，这一身体语言的意思非常简单，即表示当事人正在考虑如何做出决定和判断。

抓挠脖子：当人遇到讨厌的人或事时，脖子后面微小的肌肉组织就会呈现乳突状，也就是人们常说的鸡皮疙瘩，这种生理变化又会带来瘙痒感，因此此时人会抓挠自己的脖子以消除不适。另外，当人感到沮丧和恐惧时，也会在脖颈处泛起鸡皮疙瘩，进而做出抓挠脖子的动作。

拍打头部：拜托某人做一件事，而他却把这件事完全忘记了，那么当你向他问起时，他很有可能会拍打自己的头部，以示懊悔和歉意。所以用手拍打头部的动作可被视为对自己惩罚的象征。不过值得注意的是，必须仔细观察区分对方拍打的是前额还是后颈。如果拍打的是前额，那么往往表明他对自己的健忘并没有特别在意，也不太担心你会兴师问罪；如果拍打的是后颈，那么往往表明你的提问已经让他的脖子后面起了鸡皮疙瘩，这时表面上他是在责打自己，实际上也许正在心里埋怨你。

摩擦、紧握双手：人在有挫败感的时候常使用这一手势。同时，这一手势也表明行为人正处于焦虑、消极的状态之中。

将手背在身后：当一个人在下意识中将自己脆弱且易受攻击的咽喉、心脏、胃部以及髋部暴露在外面的时候，足以说明他内心是多么无所畏惧，多么有胆量和勇气。另外，这种姿态会让人腰板挺直，看起来更加高大，故人们会借助这个动作增加自信，让自己看起来更具有权威性。

抱臂：指将双臂交叉抱于胸前，双手置于腋下，而将拇指露在外面的姿势。这一姿势包含了两层含义，通过交叉重叠的双臂表明心存防备或否定的心理，通过外露的拇指表明有很强的优越心理。

抖腿：当人们焦躁、不安时，常常通过抖腿来排解。抖腿是一个不优雅的动作，同时也是一种不良的习惯。女士们大多对自己下半身的姿态格外在意，因此她们在众人面前会尽量避免做出这样的动作，相比之下，很多男性都有抖腿的习惯。

坐姿：双腿交缠的坐姿，即把一只脚的脚尖紧贴在另一条腿上。这种坐姿往往表明此人正处于焦虑、不安之中。双腿交叉的坐姿，即坐着的时候把一条腿轻巧地放在另一条腿上。这种坐姿往往表明他的注意力已经转移到其他事情上。假如在商务交际中，有人摆出这种姿势，那么表明他可能更倾向于使用短句，对你的建议大多持否定态度，并且对所讨论的细节问题有些漫不经心。两腿交叉而小腿保持平行的坐姿，一般为女性所用，因为这样的坐势能使女性的腿部看起来更加修长，并且还能展现出女性的端庄和美感。“4 字腿”的坐姿，即将一只脚的脚踝放在另一条腿的膝盖上，两条腿呈“4”字状。这种坐姿往往表明行为人非常自信，好争辩、争胜。

站姿：立正的站姿一般出现在较正式的场合，表示对他人的尊敬，同时它也显示一种中立的态度，即不表达任何去留的倾向。双腿叉开的站姿是一种展示胯部的站姿，对男性而言，这个站姿颇有男子气概，展现出一种开放、支配的态度。双腿交叉的站姿显示的是一种保守、顺从、戒备的态度。稍息的姿势，即把身体的重心放在一侧的臀部和腿上，另一只脚伸向前方，身体呈休息状态。一般来说，使用稍息姿势的人伸出的脚尖所指向的方向就是其内心真正想要去的地方。

人的身体语言是非常丰富的，以上这些规律只是一个简单而笼统的概括，且具体到一个情景、一个人身上时可能有所偏差。所以在生活中还需要不断地学习，不断提高自己的思维缜密性，综合考虑，切记不可生搬硬套，以免闹出笑话。

要想做场面人，先听懂场面话

场面话只是交际场合中的一种讲话方法，它不是正式的口头承诺，只是别人为了应承你而随口说的话，真实性和可信度都尚待考量。

生活中，讲场面话是一种极为普遍的现象。讲场面话是一种生存智慧，在社会中打拼的人都必须懂得听、懂得说。讲场面话不是罪恶，也不是欺骗，而是一种生存的“必要手段”。然而许多涉世未深的人却常常听不懂场面话，有时别人的一句玩笑话、敷衍话就信以为真，结果闹出不少笑话。

康威在事业单位工作，工作五六年还没有得到升迁的机会。康威认为是自己与部门主任之间有矛盾，所以他在工作方面打压自己。康威通过朋友牵线，请到主管调动的人事主管吃饭，希望自己能调到别的部门去。

那位主管表现得非常热情，几杯酒下肚后，就当场应允说："没问题！没问题！"得到这样的回答，康威很是高兴，美滋滋地在家等消息。谁知半个月、一个月、两个月过去了，一点信儿都没有，打电话过去询问，对方不是不在就是"正在开会"。

康威打电话给当时牵线的朋友，朋友尴尬地说："那个位置已经被人捷足先登，这两天就要过来了。"康威很是气愤，继续问道："那人事主管当时为什么还对我拍胸脯说没问题？"听到这样的问题，朋友也不知如何回答，安慰了他几句，就匆匆挂线了。

其实那句"没问题"只是人事主管的场面话，而康威却单纯地相信了。人情之变化总是难以预料，你既测不出对方的真心，也猜不出对方的实意，所以对于类似这种拍着胸脯许诺的场面话你要格外注意，尽量持保留态度，只能是"姑且信之"，以免希望越大，失望越大。

场面话只是交际场合中的一种讲话方法，它不是正式的口头承诺，只是别人为了应承你而随口说的话，真实性和可信度都尚待考量。其实要知道一个人说的是不是场面话也不难，事后多求证几次，如果他言辞闪烁，或避重就轻，避谈主题，甚至避不见面，那么他说的很可能就是敷衍你的场面话了；如果他进一步向你询问细节，并开始帮你分析形势，那么他说的可能就是真心话了。总之，听到场面话时，你让自己的头脑保持清醒，冷静而客观地多去掂量说话者的用意究竟何在。

对于场面话，你不得不说，不得不听，但不能尽信。以下是职场和酒桌上一些常见的场面话，你不妨来看一看，哪些场面话曾经让你信以为真。

1. 职场上的场面话

在工作场合中，领导会经常对下属说："有什么问题尽管来找我""你的事情包在我身上""我会全力帮忙的"……这些话就是职场中常用的场面话。虽然领导常对下属说这些话，但他不一定这样去做，说这些话只是为了让下属听了感到舒坦，拉近彼此的距离。

2. 酒桌上的场面话

在酒桌上有一些场面话，比如："感情深一口闷，感情浅舔一舔。""男人不喝酒，枉在世上走。""酒比粮食贵，千万别浪费。""相聚都是知心友，请你喝杯舒心酒。"等等。如果尽信这些酒桌上感情至深的场面话，一杯接一杯地喝，那么你很快就会醉倒；如果你深谙这些场面话，回上一句"只要心里有，茶水也当酒"，或是"酒肉穿肠过，朋友心中留"，那么这不仅活跃了酒桌气氛，还能让自己的头脑保持清醒，以免喝醉后胡言乱语，说出一些得罪人的话。

在人际交往中，你要学会说点儿场面话，适当地给他人一点儿甜头，但同时你千万不能尽信场面话。尽信他人的场面话，不是一种善良，而是一种愚钝。

破译对方的“暗语”，真意往往在话外

与人相处，能否读懂对方的身体语言决定着你是否能够准确了解对方的意图、内心，进而决定着你是否能够“见风使舵”。

许多人认为只要遵守公司规定、服从上司命令、配合同事、工作认真努力、顺利完成任务，就可以令老板满意、让同事喜欢。但事实上，这种想法大错特错。原因在于，老板和同事的想法有时可能大不一样。对他们而言，是否能够准确领会自己的意图才是最重要的，否则，无论你多么卖力，可能都不会招人喜欢。

王亮大学毕业后应聘到一家饮料公司工作。从进入公司的第一天起，他就十分努力，希望能获得老板的赏识和喜欢。在王亮的不懈努力下，两年后，他坐到了市场部副经理的位置。公司的老板是个香港人，很平易近人，常常与员工们打成一片。老板对王亮的工作态度和成绩很是认可，多次在公开场合表示对王亮的赞赏，这更让王亮对老板充满感激。

在一次公司举办的全国性经销商会议上，有一个经销商向王亮的老板提出希望公司追加市场推广费用，加大电视广告宣传等投放，从而可以让经销商进行更好的宣传，推进市场销售。老板听完沉默了几秒钟后说：“你提出的意见我赞同，加大市场投放，扩大宣传是好事，不过这件事我们内部可能还要再探讨探讨。”这时，老板转过头问王亮有什么意见。王亮是做市场推广工作的，当然清楚市场推广对销售的促进作用，于是就顺

着老板的“我赞同”，将加大广告投放的好处大肆渲染了一番。

王亮说完之后，不少经销商也跟着附和起来，大声嚷嚷道：“今年市场不景气，如果公司不加大广告投放，我们就不能完成销售任务了。”在经销商们的重压下，公司老板不得不当众许诺下一季度将追加广告投放费用 100 万元。

经销商会议刚刚结束，老板立刻把王亮叫进了办公室，训斥了半个多小时，说他没有听懂自己的话，逆了自己的意思。这时王亮才明白，刚才在大会上，老板所谓的“我赞同”完全是虚话，是反话，他根本不想加大投放。

这件事后，老板对王亮的态度来了个 180 度大转弯，不仅经常挑剔他的工作，还在三个月后撤了他的副经理一职。事实上，老板本来希望王亮能够听懂自己的“暗语”，替他出面回绝那位经销商的要求，不想王亮却会错了意、表错了态。

王亮的经历向我们证明了领会意图、读懂他人“暗语”的利害关系，同时告诉我们，有时人们的意图往往不会自己直截了当地表达出来，而是希望他人揣摩出来。回想一下，有时上司在某些公开场合不好向下属直接阐述意见时，是不是就会使用意思模糊甚至意思相反的“暗语”呢？有时同事间的交流碍于面子或同事关系考量，是不是也会使用让其他人摸不着头脑的“暗语”呢？

职场中到处充满了“暗语”。对于每一位职场人士，特别是刚刚走入职场的新人来说，听不懂“暗语”危害甚大：轻则使你难以与同事融洽相处，重则可能触及老板或上司的雷区，落得像王亮一样的下场。那么，如何才能读懂他人的“暗语”、听出言外之意呢？

首先，要学会察言观色，了解不同的表达方式。职场暗语作为一种非正式的表达方式，并不是所有人都会习惯用它去表情达意，所以同样的信息在不同人那里会有很大的差异。而你若想识别别人所说的话是正话还是反话，是暗语还是明语，关键一点就是要了解说话者一贯的表述方式与表述习惯，以此去捕捉其言辞中隐藏的真实意图。

其次，要能够理解说话者的语境与立场。同样一句话，真正的意思可能由于说话者所处语境的不同而有着天壤之别。例如，有一个员工做了错事，他的上司把他叫到办公室，先是态度认真、语气严厉地批评了一顿，然后又态度平和地鼓励了几句；同样是这个员工，又犯了一个错误，这次他的上司在公司大会上，当着其他员工的面，表面语气温和，实际上却暗含批评地教育了他一番。毫无疑问，第一次的批评是上司明语表达的，第二次则采用了暗语。有时领导为顾全受批评者的面子，会将批评的言辞包含在鼓励之中，目的是希望受批评者听出其言外之意，予以改正。总之，在与人沟通时，哪些语言表述属于暗语，哪些有着双重的意义，一定要考虑到说话者说话时所处的语境与立场，这些都是破译“暗语”的关键因素。

读懂“暗语”，准确领会他人意图并非一日之功。因此人要多去体会，多加分析，还要善于借助各种途径和方法，例如，利用朋友聚会、单位出差等机会多与上司和同事交流，进而增进彼此的感情和了解，为更好地揣摩其意图做好准备。

与其阻止别人说谎，不如学会永远不上当

谎话毕竟是谎话，假的永远也真不了。只要我们注意观察，细加分辨，就会发现很多说谎者都会有大量的破绽和堵不完的漏洞。

西方社会流行着这样一句话："当真理还坐在那里穿鞋的时候，谎言已经跑出很远了。"的确，人类社会存在着各种谎言，不管它是善意的，还是恶意的；不管它是有心的，还是无意的。

善意的谎言是美丽的，这种谎言不是欺骗，不是居心叵测，为我们的幸福和希望适度地说一些小谎，是一种理解、尊重和宽容。然而，当谎言充满一己私欲、充满恶意时，那么它会变得非常可怕，如果我们不幸被一个恶意谎言所欺骗，那么我们的生活和事业就有可能受到影响。

正如我们控制不了天气一样，我们也阻止不了别人说谎，唯一能做的就是鉴别谎言，区分善恶，让自己不上当。一个人城府再深，也不可能彻底掩饰自己的全部心思；一个人本性再虚伪，也不可能永远不露出自己的真面目。一个不经意的眼神、话语、动作、手势，都可能隐含着其内心真正的秘密。以下是由心理学家和行为学家总结出来的八个识破谎言的招数，让我们一起来学习一下。

第一招：不提及自身和谎言中牵扯的人的姓名

任何人在说谎时，无论是心理还是生理都会有种不舒服的感觉，因此都会本能地将自己从所说的谎言中剔除出去。例如，当刘磊问他的朋友大勇昨晚为什么不来参加聚会的时候，大勇抱怨说："汽车抛锚了，不得不等着把它修好。"这时，说谎者大勇说的是"汽车抛锚了"而不是"我的汽车抛锚了"，他故意将"我"剔除在谎言之外，以寻求心理安慰。所以，当你向某人提问，对方总是避免使用"我"字时，那么他可能就有被怀疑的理由了。

第二招：真假笑说明一切

发自内心的笑和虚情假意、敷衍了事的笑会有明显的差异。真正的微笑来得快，但消失得慢；真正的微笑看起来是均匀的，特别是面部的两边会是对称的；真正的微笑会牵扯到从鼻子到嘴角的皱纹，以及眼睛周围的笑纹。与真笑相比，伪装的笑容往往是一侧摆出不太真实的表情，而另一侧还想做出积极回应的假笑，所以看上去会不自然。此外，伪装的笑容来得比较慢，且有些不均衡；人在假笑时因眼部肌肉没有被充分调动，所以一般不会出现笑纹。

第三招：反复问说谎者同一个问题

提出一个问题，等对方回答，然后一会儿再问同一个问题，而后再找机会问他第三次、第四次……大多数说谎者前两次的答案会保持不变。注意，每次提问要间隔一段时间，特别是第二次和第三次，因为在这段时间，说谎者的身体容易平复下来，而且他会想："我已经蒙混过关了。"当说谎者放下戒备，身体慢慢放松到正常状态时，趁他不注意时再次提及这个问题，那么此时说谎者不是恼羞成怒，就是倾向于坦白了。

第四招：音量和音调突变

在说谎时音调会不自觉地升高，为的是掩饰自己虚弱的内心。例如，当你问老公刚刚是谁打来的电话时，他突然开始像喜鹊一样说话，那么你可能就要有所警惕了。

第五招：说谎者从不忘记

找你的朋友试试，问问他两天前的晚上从下班离开办公室直到回家睡觉这段时间都做过什么。你会发现，他在叙述过程中难免会犯几个错误。一般情况下，人要想记住一段时间内的所有细节是很困难的，因此大多数人都会反复纠正自己，不断把思绪理顺。比如你的朋友会说："我到家后就跑去看电视……噢，不，我先给妈妈打了个电话，然后才坐在电视机前。"但若他是一个说谎者，那么他在陈述时就不会犯这样的错误，因为他早已在头脑中把假定的情景想好了。所以他绝对不会说："等一下，我说错了。"然而，恰恰是这种在陈述时不愿承认自己有错的举动使说谎者暴露了自己的真面目。

第六招：真实表情闪现时间极短

人们维持一个正常的表情虽然只有几秒钟，但在一张"伪装的脸"上，真实的情感停留的时间更为短暂，这需要你留心观察。

第七招：说谎者爱触摸自己

美国的一位心理学家曾做过这样一个试验：他要求志愿者们用谎言回答面谈者的提问，然后他分别记录说谎前、说谎时、说谎后各个时间段里的非语言行为，并与不说谎时的行为加以比较。结果发现，志愿者们说谎的时候，回答变得更加简短，且还伴有摆弄手指、下意识地抚摸身体某一部位等细微举动。可见，说谎的人往往爱触摸自己。

第八招：说谎时眼睛会向右上方看

"说谎者从不看你的眼睛"，这是高明的说谎者牢记的"忠告"，所以他们常常会反其道而行，加倍专注地盯着他人的眼睛，甚至关注对方瞳孔的膨胀程度。因此，如果你与人对话时，对方紧紧盯着你的眼睛看，那么就要小心他所说的话了。另外，还有一个眼部特征能够暴露说谎者的身份。我们知道，如果人们在试图记起确实发生过的事情时，眼睛往往会向左上方看。因为当人的大脑"建筑"一个声音或图像，即编造谎言时，眼球往往会向右上方运动。这种"眼动"是人的自然反射活动，除了受过严格训练，一般人是难以假装的。

第8章

所有人情世故，有一半是在说话里

说话，是人们最重要、最常用的交际手段。一个拥有良好人际关系的人，必有精湛的说话艺术。纵观古今中外，凡是成就大业者，大多是会说话的杰出典范。所以，只有学会说话，才能拥有一个良好的人际关系。

不懂拒绝的人算不上成熟

大多数人都害怕拒绝别人，也害怕被别人拒绝。心地善良的人总是在拒绝与不拒绝之间徘徊，然而有时候不会拒绝反而会让自己陷入尴尬的境地，甚至影响自己今后的发展。

在生活中你一定有过这样的经历，明明是一件自己很不情愿做的事情，但是却很难拒绝他人，硬生生地把已到嘴边的“NO”字又吞到肚子里，事后又懊悔不已，“当初为什么没有拒绝”“我一早就该拒绝的”“我怎么这么没用，连真心话都不敢说”……就这样，你陷入不安和沮丧的负面情绪中，久久难以自拔。

其实，你不是不敢向对方说“NO”，而是不想得罪人。你深知人与人之间的关系就是互利互惠，建立在一定的利益链条之上的，拒绝别人的请求，就意味自己下次有事相求时就不便开口了。此外，你不拒绝他人也是想为自己塑造一个好形象，不想让别人觉得你自私自利。然而，有求必应未必能让你如愿以偿，左右逢源。

江波是个很乐于帮助他人的小伙子，在大学时他就担任班长为同学们服务，因此热心肠的他深受同学们的喜爱。在江波踏入职场的第一天，他就告诉自己，自己的热心肠一定也会赢得同事们的喜爱。

在公司里，属于自己分内的事情，江波努力去做，不属于分内的事情，只要有人喊他帮忙，也努力去做。果然，同事们都很喜欢他，并送给他一个“好帮手”的称号。对此，江波很是高兴。可是一段时间后，江波发现：有的同事原本自己可以做的事，也要喊“好帮手”来帮忙；有的同事对他的态度开始变得随便，似乎指派“好帮手”做事是理所应当的；有的同事请他帮忙后连个“谢”字也懒得说，仿佛让“好帮手”帮忙是给了他莫大的面子；有的同事甚至把手头的工作全部交给“好帮手”，自己去干私活儿。

江波心里很不舒服，但每次又不好意思拒绝，结果自己被弄得焦头烂额，整天忙得脚不沾地，而且自己的工作还常出纰漏。更令江波气愤的是，如果同事拜托的事情没做好，同事又会抱怨他，甚至还把责任推卸给他。江波有时很是迷惑，自己的热心在职场中为什么落得如此下场，难道自己帮助别人有错吗？

江波热心助人没有错，错在他来者不拒。乐于助人是一种很好的品质，但助人为乐的前提应建立在不影响自己工作的基础上，否则不仅容易耽误自己的工作，还可能将别人的事情弄得一团糟，招来怨恨。

对于任何人来说，说“YES”总是要比说“NO”容易得多，然而说“NO”对每个人来说却很重要。不会说“NO”的人不仅很难有所成就，甚至还有可能掉进他人精心设计的陷阱。

一个只懂得用“YES”取悦别人的人，只会让自己疲惫，只会让自己备感压迫和烦躁，只会让自己步步走近险境。不要等到你的能量耗尽时，才懊悔当初没有说出那个“NO”，而且“NO”也没有那么难说出口。以下是一些拒绝的技巧，希望它们对你能有所帮助。

1. 保持简单回应。如果你要拒绝别人，无需拐弯抹角，要坚决而直接地回绝他，但言语上还是要尽量婉转。你可以说：“感谢你看得起我，但现在不方便。”或“对不起，我不能帮忙”。同时，你还可以用身体语言强调你的拒绝，例如一个抱歉的表情或展示自己正在做的事给他看。

2. 给自己一些时间。你要打破“YES”的循环观念，多给自己一点儿时间进行思考。慎重的考虑，往往会使你更有信心去拒绝。

3. 找一个合理的替代方案。当你实在难以拒绝时，不妨帮对方找一个更好的方案，既不得罪于人，又不给自己增添过重的负担，更重要的是还能将事情圆满解决。值得注意的是，这里的替代不是让你将难题简单地转嫁给第三人，而是想出一个合理的解决方案。

4. 区分拒绝与排斥。记住你的“NO”是拒绝请求，而不是排斥请求者。通常人们都会明白，你有拒绝的权利，就像是他们有权利寻求帮助一样。

5. 不必因拒绝他人而感到愧疚。对于拒绝，你无需过分道歉或愧疚，因为这原本就不是你的义务。

6. 做回你自己。明确自己真正想要什么，更好地认识自己，从而增强自信，不受他人牵制。

拒绝是一门艺术，拒绝的最高境界就是让你和对方都不会陷入尴尬境地。只要你能运用好这门艺术，即便说“NO”也不会得罪朋友，并且还能为你赢得更多的尊重、更多的朋友。

记住，你不必有求必应，对你不情愿做的事情要大声说“NO”。

做老实人说老实话有时不一定受欢迎

一句话，可以说乐一个人，也可以说恼一个人；一句话，可以说成一件事，也可以说败一件事；一句话，也许可以改变一个人的命运，也许可以毁掉一个人的一生。

台湾著名成功学家林道安先生说过这样一句话："有的人会失败，不是因为他不够努力，不是因为他不够聪颖，而是因为他不会说话。"的确，语言的力量是巨大的，一个不会说话的人往往会失去气势，失去人气，进而失去一切有利因素，失去获得成功的机会。

一句话，可以说乐一个人，也可以说恼一个人；一句话，可以说成一件事，也可以说败一件事；一句话，也许可以改变一个人的命运，也许可以毁掉一个人的一生。既然说话如此重要，那么我们如何才能把话说好呢？对于这个问题，在儿时父母和老师就曾给过我们一个答案：做老实人说老实话。或许这也是你的说话准则，但你是否思考过，这种说话方式在现实社会中真的适用吗？

有这样一个故事：

从前有一个老实人，平时爱说大实话，起初人们都很喜欢他耿直的性格，但是时间一长，他的真话就把村里人都得罪了，于是他被赶出了村子。一贫如洗的他根本找不到栖身之所，最后来到修道院，希望这里能收容他。修道院院长见到老实人，得知他因说实话而被人驱赶，深表同情，并抓着胸前的十字架说："主告诉我们要热爱真理，善待说实话的人。"于是，老实人在修道院安顿了下来。

修道院里有几头不中用的牲口，院长一直想把它们卖掉，但他始终不敢派手下人去市集上卖，怕他们私吞卖牲口的钱。正巧现在来了个实在人，于是院长便叫他牵着两头驴、一头骡子去市集上卖。

老实人只会说大实话，在买主面前，他把知道的一切都告诉了对方："这头断了尾巴的驴子很懒，喜欢躺在泥里打滚儿，有一次，长工想把它从泥里拽出来，没想到一使劲儿，不小心把驴的尾巴给拽断了；这头驴特别犟，它不想走的时候，你抽它都不好使，你看因为抽得太多，毛都秃了；还有这头骡子，又老又瘸，如果能干活的话，院长才不会把它卖了呢！”结果可想而知，买主听到这些话都走了。老实人的实话很快就在市集传开了，所以根本没有人肯买这些牲口。

夜幕降临，老实人牵着牲口回到了修道院。院长很是奇怪，这么便宜的牲口怎么能卖不出去呢？老实人一五一十地将白天在市集卖牲口的经过讲给了院长听。院长听后火冒三丈，呵斥道："那些人把你赶出来是对的，我不应该留你在修道院。我虽然喜欢实话，但是我不喜欢那些跟我腰包作对的实话！老实人，你赶快滚吧！此处不再收留你！”就这样，老实人又一次被赶走了。

其实故事中“老实人”的遭遇并不是偶然的，当今社会很多地方都不适合老实人说老实话的。比如，一个皮肤黝黑且双腿粗壮的女同事问你自己的新裙子怎么样时，你滔滔不绝地给予真实的评价，那么她定会脸色难看，怒目相对，可能以后再也不想跟你说话了。再比如，你当着上司的面指出同事的错误，其实你只是好心地提醒，但在同事眼中你的这种行为就是在上司面前打击别人、抬高自己。可见，做老实人说老实话，未必就能把话说好，未必就能受人欢迎。所以，有些时候还是让你的实话烂在肚子里比较好，毕竟人们都喜欢听赞美之词。

这里有一点还要说明一下，不让你说老实话，并不是让你虚伪、让你说假话、让你逢人拍马。一个会说话的人，总是用语精当、善于辞令，且能够委婉地表达自己的意图，从而和他人建立起良好的关系，达到预期的目的，让自己赢得主动、左右逢源。因此，你不妨给你的老实话换种形式，委婉的表达效果往往更好。下面就让你看看售货员刘静是怎样讲“老实话”的。

一位老太太去商店里买袜子，售货员刘静正忙着接待另一位客人，对老太太也没太留意。老太太挑好袜子后，就径直往外走。看到老太太的背影，刘静才想起来她的袜子钱还没有付呢。刘静看老太太还没有走远，于是连忙喊住老太太并亲切地说道："阿姨，您先等一下，您瞧……"老太太以为自己的东西落在了柜台上，就返回来了，这时刘静手里拿着一个塑料袋，她一边晃了晃塑料袋一边说："阿姨，真不好意思，您看，这样拿着袜子多容易沾上灰尘，让我给您装起来吧！"刘静接过老太太的袜子，边往里装边对老太太说："这种袜子质量好，还便宜，3 元钱一双，两双一共 6 元钱。"老太太一听这话，便想起来自己还没有付钱，不好意思地说："哎呀，你看我这记性，忘记给钱了，真不好意思。"刘静笑着说："阿姨，没事，我妈妈的年纪跟您差不多，也是常常忘记事情，不必放在心上。"

刘静用一个小小"迂回术"将老太太请了回来，又自然地将话题引到袜子的价格上，成功地解决了问题。如果她喊住老太太直接说"您没有付钱"，那么不仅会令老太太尴尬不已，还会令其生厌，也许以后都不会再来光顾了。

你看，同样一个意思，经过不同方式的处理，效果就大不相同，所以，老实话有时婉转地说出来，往往更容易让人接受。

用一分钟讲，用十分钟听

上帝在造人时做了一个奇异的安排，就是让人有一张嘴巴、两只耳朵，也许上帝是在告诫世人，要多听少说。

生活中，有的人之所以大受欢迎，不是因为他拥有渊博的学识或迷人的外貌，不是因为他拥有雄厚的资产或复杂的背景，而是因为他拥有善于倾听别人讲话的习惯。《纽约时报》就曾经刊登过这样一句话："许多人找医生并不是为了看病，他只是想找一个倾听者。" 然而随着日益加快的生活和工作节奏，人们开始变得越来越浮躁不安，越来越失去耐心去聆听别人的心声，尤其是年轻人，他们往往愿意花十分钟去讲，而不愿腾出一分钟去听。

上帝在造人时做了一个奇异的安排，就是让人有一张嘴巴、两只耳朵，也许上帝是在告诫世人，要多听少说。然而长久以来，人们一直认为说者高高在上，听者屈居人下。

其实，说是表达的基础，但过分的言说则容易使自己掉入嘴巴的陷阱，成语"言多必失""祸从口出"说的正是此意；而善听则是一件令人受益匪浅的事。古人对"听"就曾发出"听君一席话，胜读十年书"的感慨。概括地说，听能够长见识，增智慧；听能够固情感，增友谊；听还能够化矛盾，解危机。

对于"听"的前两个功效这里不再多说，因为它们在生活中都是司空见惯的事情。下面，让我们来看看服装店老板刘慧是如何利用听来"降服"批评者、化解矛盾的。

刘慧是一家服装专卖店的老板。一天，正在内屋休息的她听到一位女顾客和店员发生了争执。原来这位女顾客昨天从店里买了一条裙子，回到家后，她发现裙子的领口处有污迹，而经过洗涤后裙子却褪了色，这让她十分生气，于是希望店员给她一个合理的解释。但是她刚把来意说明，店员就打断她说："我们已经卖出了上千条这样的裙子，您还是第一个这样挑剔的人。"

听到店员这样说，这位女顾客立刻被激怒了，然后她激烈地和店员争论起来。这时另外一个售货员也加进来，对这位女顾客说："这是没有办法的事，所有深色的衣服都要褪一点儿色，以前我们卖的衣服也是这样的。”女顾客听完后火气更大了。于是，她们的争辩升级为高声大吵。

这时候，刘慧从内屋走了出来。她先让店员不要说话，然后把那位顾客请到了内屋，并给她倒了一杯茶，让她把事情慢慢地叙述一遍。在女顾客讲话的时候，刘慧很少说话，只是认真地倾听，偶尔会附和一两句。当那位女顾客把话说完之后，刘慧说：“您想要如何处理这条裙子呢？您有什么要求，我们都可以照办。”

在抱怨完毕之后，那位女顾客火气顿时消去了不少，又听到老板说话这样客气，她的火气已经完全没有了。她对刘慧说：“其实这条裙子的款式我很喜欢，既然所有深色的衣服都会略微褪色，那我就不换了。”说完后，她非常满意地走了。

上面的故事中，当店员们不断进行反驳的时候，不但没有把问题解决掉，反而更加激怒了那位女顾客，而当睿智的老板刘慧采用倾听的方式后，不但很快地消除了对方的怒火，还让她非常满意地离开了。其实对于那位女顾客来说，她想要的不过是一个合理的解释，如果有人能够认真地倾听完她的话，她心中自然会得到一种满足感，也便会停止批评和抱怨。

倾听是一种为人的修养，是一项处事的技巧，是一门沟通的艺术。倾听，是人际交往的基础，是获得良好关系的金钥匙。你若想与他人流畅交流，融洽相处，就必须先学会倾听。那么如何才能做一个合格的倾听者呢？

首先，要有好的姿态，做到“停”“看”“听”。具体而言，当别人有话要说时，你要停下手中的工作，目视对方，观察他的表情、音调、语气、手势等非语言信息。其次，要饶有兴趣地听他说。如果对方特别兴奋地提起一件事，而你却漫不经心或是沉着脸一言不发，那么对方一定会很失落、沮丧，以后可能再也不愿跟你分享自己的快乐与痛苦了，而且这种行为也是对说话者不尊重的表现。所以，你在与人交谈时要记得及时给予回应，比如提出疑问，或是肯定他的想法，激起对方继续讲话的欲望，这样你们之间才能更好地沟通。最后，切勿打断或批评。当别人正在讲话时，打断对方是非常不礼貌的行为，即使你不耐烦或有意见想表达，也要等对方说完后再提出来。交谈中，如果遇到你不认同的观点，也不要用批评的口吻去指责对方，而应婉转地提出你的建议或想法。

倾听代表的是对他人的尊重、认可和肯定，所以那些懂得用一分钟讲、用十分钟听的人总是很受欢迎。请尝试抹去你心灵上的浮躁，竖起你的耳朵，全神贯注地倾听他人的心声，从而让这门倾听的艺术改变你的生活，改善你的人际关系。

把赞美挂嘴边，为别人贴金扑粉

每个人心中都有被赞美的渴望。赞美别人是一种美德，也是一种智慧。它既能让别人得到鼓舞，同时也能让人际关系更加融洽。

美国钢铁大王安德鲁·卡内基在1921年曾出价百万美元的超高年薪聘请夏布作为公司的行政总裁，当时所有人都不理解卡内基先生为什么要重用一个看上去毫无能力的人。于是有很多人跑去问他这么做的原因，卡内基先生微笑着回答："因为夏布最会赞美别人，这就是他最值钱的地方。"

赞美别人的价值真的如此高吗？美国哲学家约翰·杜威曾说过：

“人类骨子里最深层的驱动力就是希望自己具有重要性。”生活中，每个人都会有一种向别人证实自己重要的欲望，即便是向陌生人。比如走在大街上的男士通常会从心底生出一种期盼，希望对面年轻漂亮的女士能够多瞧上自己一眼，并希望自己能给对方留下深刻的印象。这就是人渴望被重视的一种体现。由于人的欲望总是在不断地增强，不断地膨胀，便导致人的这种被重视的欲望越加难以满足，而此时，赞美恰恰成为欲望的填充物，满足了人的这种需求。这就是赞美的“贵重”之处，同时这也是每个人都喜欢听赞美之词的原因。

赞美，世界上最华丽的语言，不仅能让听者心情舒畅，还能让说者收获更多。下面就让我们来看看邵刚是如何用赞美赢得合同的。

邵刚带着公司考察团赴德国参加一场谈判。由于双方是第一次合作，刚刚到德国时，对方对他们的戒心很重，不但在谈判桌上进展很慢，连私下的交往也疑虑重重。双方的谈判始终都笼罩在压抑的情绪中，谈判也几乎陷入停滞。但突然有一天峰回路转，对方的态度来了个180度大转弯，变得热情诚恳起来。随着对方诚意的大幅度提高，邵刚很快就拿下了合同。很多人都不明白，为什么这些之前冷漠的德国人一下子转变了，对于这一切，邵刚却心知肚明。

原来在一次对方公司举行的晚宴上，邵刚巧遇对方董事长的妻子——六十多岁的安拉夫人。攀谈中，邵刚赞美安拉夫人当天的打扮得体，尤其是胸前那枚玫瑰胸针，令其更加神采奕奕。安拉夫人听到赞美很是高兴，她告诉邵刚，这枚胸针是自己家祖传的，已经有两百多年的历史，出自欧洲最好的金匠之手。一枚胸针打开了安拉夫人的话匣子，两个人畅快地聊了许久。第二天，安拉夫人盛情邀请邵刚到她的庄园做客，邵刚欣然前往。到达时，邵刚发现董事长也在庄园，于是他抓住这个与董事长亲密接触的机会，用自己的恭维之术将董事长及其夫人哄得非常开心，所以后来的谈判就顺利多了。

赞美，是对美好的人和事发自内心的肯定，绝不同于阿谀奉承。那么怎样才能把赞美话说得动听、说得深入人心，而不至于惹人厌烦呢？

第一，赞美的话不能说得太离谱、太夸张，一定要基于实际情况。如果你要赞美的对象身高不足一米七，你却夸他身材高大伟岸，这样便会让人觉得你说的是反话，是在讽刺他。这样一来，你的赞美只会令你得不偿失，令人生厌。因此只有切合实际的赞美，才能既不降低身份，又能沟通感情，拉近彼此的距离。

第二，赞美他人时要抓住重点，把话说到人家心坎儿里。你可以根据赞美对象的兴趣、爱好、特长、能力，“吹捧”他的特质。

第三，讲赞美话时要注意场合，选准时机。有人说：“训斥人要在无人的地方，赞扬人要去人多的场合。”这话虽有一定道理，但也不完全对。在大多数情况下，赞美的目的是要与某个人建立良好的关系；当然也不要在众人面前只赞美一个人，这样做的话你可能会得到“马屁精”的绰号，甚至遭到其他人的排斥。另外，赞美还要选准时机。假如你在对方上司在场的时候赞美对方领导组织能力强，这样肯定会让对方陷入尴尬，无所适从，甚至招致对方上司的不满。总之，要在最恰当的场合、最适合的时机表达出自己由衷的赞美，否则即使你满怀诚意地赞美，也可能造成负面影响。

第四，赞美时要掌握好度，一旦说过头，就会给人留下虚伪的印象。

赞美是温暖人心的艳阳，它能在不知不觉中缩短人与人之间的距离，消除人与人之间的隔阂；赞美是催人奋进的兴奋剂，一句简单的赞美之词，也许能改变一个人的一生。一句简单的赞美，付出不多，却能带来不菲的收益。所以请你不要再吝啬自己的赞美之词，为别人贴金抒粉，就等于为你自己的生活和事业增光添彩。

非必要场合，不玩辩论游戏

如果你辩论、争强、反对，或许你有时候会获得胜利，但是这种胜利是非常空洞的，更重要的是你还会失去对方的好感。—— 富兰克林

生活中，很多人都是辩论的追捧者。由于年轻人刚刚进入社会且涉世未深，在处理事情时往往过于冲动，当别人与自己争辩的时候，总是忍不住反驳几句，结果使问题变得更加严重。

天底下只有一种方法能够获得辩论的最大利益，那就是非必要场合，不要轻涉辩论游戏。

从前，有一个小和尚到河边挑水，忽然有一个人走上前问："小和尚，你知道一年有几季吗？"小和尚心想：这么简单的问题还值得一问吗？干脆地回答说："四季！"那个人大笑道："不对，是三季！"小和尚不甘示弱地说："谁都知道一年有春夏秋冬四个季节，每个季节三个月。你怎么说是三季呢？那好，你说说是哪三季？"那个人用非常肯定的口吻说："三季即早季、中季、晚季，每季有四个月。"小和尚和那个人谁也不让谁，开始"四季""三季"地辩论起来。可是争得脸红脖子粗的两个人始终也没辩出个高下，于是小和尚提议去问自己的师傅，让师傅做个评断。

小和尚向师傅说明原委之后，自信满满地等待师傅做出定论，然而师傅却笑着对小和尚说："是你错了，一年有三季！"师傅话音刚落，

那个人便哈哈大笑起来，并嘲笑小和尚说："你看，是你错了吧！"说罢，便哼着小调转身离开了。

小和尚很是不服，追问师傅："一年明明有四季，为什么你要说是三季呢？"师傅摸摸小和尚的头说："他出这么简单的问题来考你，就说明他来者不善。你再看他当时的样子，如果我不说三季的话，他能那么快离开吗？再者，我这样说你也没损失什么啊！"

虽然师傅的解释很有道理，但小和尚还是愤愤不平，认为师傅这样做让自己丢了面子，于是收拾包袱准备离开寺庙。师傅知道后并没有加以劝阻，只是淡淡地对他说："去吧，去吧，等你想通了，自然会回来的。善哉，善哉！"

几天后，小和尚在市集中看到两个人打架，其中一个就是前几天那个问他一年有几季的人，看他满身的鲜血就知道他伤得不轻。小和尚打听后得知，原来二人因为一年有几季的问题争吵不休，后来动起手来。

小和尚默默地离开了市集，决定回寺庙继续跟随师傅修行。他一边走，一边想：还是师傅高明，否则那天或许自己也会和那个人打起来，再说跟这种人较量，就算拳脚上占了上风，自己最终还是得不偿失。

大多数辩论都会演变成一场情绪化的、非理性的争论。一旦这样的争论开始，即便你说得头头是道，对方往往也很难接受。而伴随着激烈的争论，接下来必定是叫嚷、威胁、羞辱、奚落，将观点的冲突升级为维护尊严的冲突，这正是争论的最大弊端。如此一来，无论谁输谁赢，双方都将受到伤害。

无趣的辩论游戏只会引起无谓的冲突，既不会给你带来丝毫的利益，又无益于你的工作和事业，还容易让你情绪失控，做出不理智的行为。所以面对别人的挑衅时，你不妨像老和尚教导小和尚那样，选择冷静，选择退让，那么就能避免争论不休，避免引起严重的后果。

在一家环境优雅的餐厅中，一位男顾客高声喊道："服务员，你给我过来！"服务员袁枚赶紧上前。男顾客愤怒地指了指杯子说："你看，你们的牛奶是变质的，把我好好的一杯红茶都糟蹋了！"袁枚赔着笑脸说："先生，真对不起，我立刻给您换一杯。"

袁枚很快就把新红茶准备好了，她又重新摆放了一下桌上的鲜柠檬碟子和牛奶杯，然后温柔地对男顾客说："先生，我建议您放过柠檬后，最好不要再加牛奶，因为有时候柠檬酸会让牛奶结块。"男顾客的脸一下子红到了脖根，匆匆喝完茶便走了。

服务员小玉问袁枚："明明是他孤陋寡闻，你刚刚为什么不辩解呢？而且他那么粗鲁地叫喊，你应该给他点儿颜色看看！"袁枚笑笑说："正是因为他粗鲁，就更不应该跟他争论，只要道理摆明，他便不敢再大声。"旁边的经理听到袁枚的这番话后，不禁为她竖起了大拇指。

真理往往需要时间和事实证明。你完全没有必要要求别人推崇你的观点，而且你的观点也可能存在漏洞。再者，宽容和忍让并非懦弱的表现，而是一种风度，一种豁达，一种体谅，是建立人与人之间良好关系的法宝。所以在不触及原则性，或会产生重大影响及危害的事情面前，不妨让自己糊涂点儿，豁达点儿。锱铢必较未必就是好事，有时懂得得过且过的人往往能在社会中左右逢源。

聪明人从不玩无益的辩论游戏，因为他们懂得不必要的辩论只会让自己失去朋友，引起不必要的事端，所以在非必要的情况下，请你不要与人玩辩论游戏。

言多必失，说话必须过大脑

言辞谨慎，不露锋芒，才是成功者智慧的体现。通常只有浅薄的人才会信口开河，说话不过大脑，同时，随口胡说，只能暴露一个人的肤浅，也容易让旁人一眼看穿他的心思。

有这样一个笑话：

从前有个叫大傻的人，他不善言辞，得罪过不少人。有一次，大傻在家中宴请好友张三、李四、王五、赵六。众人高高兴兴地围坐在饭桌前，这时大傻突然发现赵六没有来，懊恼地说道："该来的不来。"张三听了这句话，心想："我可能是不该来的。"于是摇摇头走了。大傻见张三莫名其妙地走了，急忙说："哎呀！不该走的又走了。"李四一听，心想："看来我才是应该走的。"撇撇嘴，没有说什么就离开了。大傻见李四又走了，摊摊手对着王五说："你看，我又不是说他。"王五心想："你不是说他，那就是在说我了。"于是拔腿就走。大傻不明究竟，吃惊地说："唉！怎么都走了？"

虽然只是一个笑话，但告诉我们一个"言多必失"的道理。西晋文学家傅玄在《口铭》中就记录着"病从口入，祸从口出"这样一句话。古人通过这句话来警示世人：张嘴吃东西有可能吃进细菌和病毒，而张嘴说话则有可能招来祸端。

相信很多人都吃过"祸从口出"的苦头。有时因为自己的一句无心之言，就招来了是非，引起了轩然大波。

邱新接到一家知名企业的面试通知，既兴奋又紧张，因为她从来没有面试的经验。她买了两本面试宝典之类的书，准备好好恶补一下。真正面试的那一天终于来到了。邱新走进考场后才发觉，前来面试的其他五个人都是男生。考场是一个很小的会议室，中间是一张圆桌。考官坐在圆桌一边，面试的几个人坐在另外一边。秘书小姐拿来六杯水，其他几个男生拿起面前的水杯就喝。邱新一转念，心想：几位考官还没有水喝呢，我们怎么可以抢先呢？于是她很有礼貌地把杯子递给离自己最近的一位考官。

“还是女孩心细啊！”一位考官说。这时另外几个正在喝水的男生立刻放下手中的水杯，面露惭愧。邱新暗暗窃喜，对考官露出谦逊的笑容。主考官介绍了公司运营方面的情况，然后询问面试者的专业以及对公司的想法。由于刚才的“喝水事件”，另外几个男生都比较拘谨，而邱新反倒和考官们谈笑自如。

面试结束，考官们走出会议室讨论了一会儿，然后把邱新叫了出去。主考官对她说：“我们想把你安排在外事部门，不过户口方面可能还需要再争取。”听到这句话，邱新先是兴奋，而后又犯难说：“公司不是可以解决吗？”邱新心想：要是户口解决不了，自己也许就不会来应聘……邱新左思右想，轻轻咬着下唇说：“要不，我回家跟父母商量一下。”主考官突然愣住了，邱新马上意识到自己说错了什么。“好吧。”主考官微笑着说，“不过要记得，以后你参加面试的时候，不要说‘和父母商量’之类的话，因为这样会显得你缺乏主见，明白吗？”邱新抬头看了看主考官的表情，知道自己已经错失了这次机会。

仅仅因一句话，邱新就失去了在主考官心中的好感，失去了一份好工作。古语有云：“一人之辩，重于九鼎之宝，三寸之舌，强于百万之师。”话说得好，小则可以打动人心，讨人喜欢，大则可以明哲保身、兴邦立国。比如张仪、苏秦游说诸侯而令战国格局为之改变；诸葛亮说服孙权而令三国成鼎立之势。相反，话说得不好，树敌伤友，甚至丧命失江山。中外历史上因一言不慎而招致杀身之祸的大有人在，因一言之失导致兵戎相见、血流成河的浩劫也屡见不鲜。

初入社会的年轻人都满腔热血，像一个燃烧的火把，希望能在最短时间内把自己的才华都表现出来，然而没有经过世事的沉淀，没有经过社会的打磨，满身棱角的你们必定会处处碰壁。言辞谨慎，不露锋芒，才是成功者智慧的体现。通常只有浅薄的人才会信口开河，说话不过大脑，同时随口胡说只能暴露一个人的肤浅，也容易让旁人一眼看穿他的心思。言语作为人与人沟通的桥梁，只有措辞得当，才能诸事皆成，避免纷争与麻烦。

说话既是一门赢得人心的艺术，又是一种为人处世的技巧。古往今来，胜者多为能言善道之人，败者多为不善言辞之人。在竞争日趋激烈的今天，说话不仅是你日常生活的一个重要组成部分，更是决定你事业成败的一个关键因素。

不会说话，一万句无用；会说话，一句足矣。好口才可以决定一个机会，可以改变一个人的命运，可以帮助一个人成就一番事业。没经过大脑思考的话，就算说出来，也往往会招来不必要的麻烦和灾祸，所以在每句话脱口之前，都要在头脑中好好思考一番，三思而后说。

一句“对不起”，避免惹事端

生活中，谁也避免不了伤害别人或被别人伤害，无论这种伤害是无意的还是有心的，善于道歉和善于接受道歉，都是一个修补人际裂痕的重要途径。

自古以来，“道歉”一词在中国文化中往往是与“错”联系在一起的，因为只有犯了错的人才需要道歉。从另一种角度来说，道歉就意味着一个人承认自己有过错。

中国有句古话叫“人非圣贤，孰能无过”。正如这句话所言，每个生活在这个世界上的人都难免会犯错误，为自己的过错而道歉本无可厚非，然而在当今这个时代，许多人即便知道自己做错了也不肯主动向人道歉。不愿道歉的原因不外乎认为向他人承认错误就是向对方昭告自己的愚蠢，就是向对方屈服等。所以，对于自尊心强的人来说，道歉永远是一件难以启齿的事情。

不敢承认错误的行为是一种懦弱的表现。一个人只有敢于为自己的过错道歉，才能算是一个真正敢作敢为、敢担当的人。此外，道歉更为重要的价值在于它是一种解决问题的方法。当我们伤害了别人或被别人伤害时，无论这种伤害是有心还是无意，一句“对不起”，往往能化解问题，避免事端。

丽莎和冰凇是同一家公司的员工，私底下又是好朋友，后来两人受别人的挑拨，产生误会、发生争吵。当时的丽莎很不理智，说了很多令人难以接受的话，深深地伤害了冰凇，冰凇也毫不退让，给予猛烈的还击。就这样，两人从此反目成仇，工作上相互挑剔对方的毛病，私底下又向周围人述说对方的不是。

后来丽莎从另一个朋友口中得知事情的真相后，十分懊悔。丽莎心想，虽然冰凇这段时间对自己恶语相向，但毕竟是自己有错在先。于是她鼓足了勇气向冰凇道歉，她将事情的原委向冰凇做了详细的解释，并为自己的不冷静行为道歉。丽莎诚恳的态度感动了冰凇，冰凇也向丽莎检讨了自己，于是两人又言归于好，恢复了往日的亲密，两人在工作上更是密切合作，佳绩不断，深得上司的赏识。

生活中，擅长道歉的人即便在工作与人际关系中出现了失误、惹下了麻烦，也能够较为容易地将其解决。相反，那些不擅长道歉的人往往容易因为一些小事使人际关系恶化，为自己的工作和生活带来麻烦。从上面的故事中我们不难看出，丽莎和冰凇两人从亲密的朋友到对立的敌人，又回归到亲密的朋友，其中道歉起到了决定性的作用。

人与人之间发生冲突，彼此间就容易产生隔阂，有隔阂就会对生活造成一定的影响。而道歉是化解冲突的最佳武器，很多时候，一句“对不起”往往就能够解决很多麻烦。

道歉也是一门学问，绝对不是随随便便一句“对不起”就可以的。下面教你五个道歉技巧，让你的道歉更打动人心。

第一，了解自己错在哪里。考虑一下自己到底在哪里出了错，伤害到了他人，清楚地认识到错误并做有针对性的道歉效果会更好。

第二，真诚礼貌的道歉用语。有愧对他人之处，你可以说：“深感歉疚”“非常惭愧”；渴望对方见谅时，你可以说：“多多包涵”“请您原谅”；有劳他人时，你可以说：“打扰了”“麻烦了”；一般场合下，你可以说：“对不起”“很抱歉”“失礼了”。

第三，及时地道歉。如果你意识到自己错了，就要马上说“对不起”，否则拖得越久，就越会让他人“窝火”，也越难解决问题。及时道歉，还有助于让对方“退一步海阔天空”，从而避免因小失大。

第四，大方得体地道歉。道歉绝非耻辱或贬低，要大大方方，堂堂正正，而不是遮遮掩掩。此外，无需过分贬低自己，说什么“我真笨”“我真不是个东西”，这容易让对方看不起你，也容易让一些欺软怕硬者得寸进尺，不但化解不了冲突，还给自己增添了心理负担。

第五，借助“物语”道歉。如果有些道歉的话你当面难以启齿，那不妨以书信或者留言条的形式进行道歉。当对方看到你的道歉信之后，定能心领神会，隔阂也便能随之消失。

或许道歉有时不能解决问题，但道歉却是正视问题、反省错误、解决问题的第一步。不要认为承认错误就是一种低头认输的表现，这反而更能体现出你的勇气与胸怀，并且一句“对不起”还可以为你省去很多不必要的麻烦。总之，当你意识到自己的错误时，就请立即承认错误，只有这样，你才能修补好因你的错误而产生的人际裂痕，才能避免惹出更大的事端。

话不能说得太损，事不能办得太绝

儒家学说最核心的理论之一便是“中庸之道”，凡事不可走极端。做事不能做得太过分，说话不能说得太尖刻。要怀有慈悲之心，给别人机会，也是给自己机会。即便自己占尽优势，也不能得理不饶人；对恶人、坏人，也不应赶尽杀绝、不留余地。

所谓“混世法则”，就是为人处世必须要遵守的一些基本原则。为人处世，最要紧的两个方面就是言辞和行为。说话是一门艺术，既要能够完整地表达自己的意愿，又要避免引来别人的反感；做事，要在顾全自己的基本利益的同时，让别人得到实实在在的好处。即便对别人的为人处世方式颇有微词时，也要注意自己的言行。那就是，话不要太损，事不能做绝。这样做，除了给别人留有后路，顾全别人的自尊心之外，还能为自己留下台阶，以应付可能产生的后果。

明朝，能够被称为真宰相的人只有两个，一个是严嵩，另一个是张居正。严嵩在位二十多年，“一人之下，万人之上”，独揽军国大权，党同伐异，可谓坏事做绝，大明王朝被他折腾得乌烟瘴气、千疮百孔，气数殆尽。到了嘉靖四十四年，严嵩的儿子严世蕃被朝廷以谋反罪控诉，他受到牵连，贬为平民，家财全部被充公。全家人无处栖身，最终落得饿死在墓舍的凄惨下场。严嵩坏事做绝，他的死可以说是恶人有恶报，死有余辜。张居正一生清廉，生前为朝廷鞠躬尽瘁，居功至伟。然而在他死后却也不得好报。他的弟弟和三个儿子都被发配到边疆去充军，家产被全部查抄，这又是因为什么呢？

通过研究张居正身为宰相期间的所作所为，我们不难发现，他与严嵩恰恰相反，恰是“好事做绝”。他刚正不阿，为社稷考虑，积极推行改革；他不畏权贵，为正国法，敢于直言劝谏皇帝。这两点是值得我们借鉴的。张居正树敌太多，推行的政策有利于匡正时弊、振兴国家，然而却费力不讨好，上下均对他有很深的怨念。

时任左谕德官的于慎行评价张居正：“殚精毕智，勤于国家，结怨于上下。当其柄政，举朝争颂其功而不言其过；今日既败，举朝争索其罪不敢言其达，皆非实情也。”张居正虽然对社稷居功至伟，却忘记了“切忌功高震主”这一为官的基本守则。正如我们在职场中，工作完成得再漂亮，对公司做的贡献再大，若是得罪了老板，一切都白搭。

严嵩和张居正的悲剧，起码让我们懂得了一个为人处世的真理，那就是不管好事坏事，都不能做得太绝。

林嘉是个自尊心非常强的女孩子，而且心思细腻。有一天在单位，中午休息的时候，突然下起了雨。林嘉看到一个女同事拿起林嘉的伞，就要往外边走，于是叫住了她，说“小玲，你拿的是你自己的伞吗？”“不是啊，这不你的伞吗，我借用一下！”小玲是个性格大大咧咧的女孩子，平时自己的东西都是放那儿大家随便用。可是，林嘉不乐意了，冷冷地对小玲说了一句：“说是‘借’我的伞，你对我说‘借’这个字了吗？以后，我的东西谁都不许用！”小玲愣了一下，顿时羞得满脸通红，把林嘉的伞放在原处，气冲冲地走了出去。周围的同事见此情景，也纷纷为小玲鸣不平。大家都是同事，本来没多大点儿事，至于这样吗？！从那之后，她们都疏远林嘉，不乐意跟她交往了。

其实，对于这样一件不涉及原则的生活小事，林嘉根本就不应该这样处理。当然，林嘉对小玲的行为不满，那是很正常的。然而，这种不满需要有一种合理的表达方式。她对小玲说的话太损，让人家没有台阶下，最终导致小玲又气又恼。周围同事看到林嘉这样对待小玲，也觉得林嘉这人太苛刻，说话太损，所以才疏远她。

说话、做事正如下围棋一样，赢一目也是赢，赢一百目也是赢，为何非要让人家满盘皆输、不给人留余地呢？很多时候，说话、做事往往遵循一个道理。话说得太损，会让人家难堪，一次两次，你可以说自己“忠言逆耳”。若是长久下来，即便是“忠言”，别人也会对你心怀不满。再说，懂得说话的艺术，忠言也可以不逆耳。事情做得太绝，让人没有台阶下，不给人翻身的机会、这样不仅伤透对方的心，还会给自己日后的发展留下隐患。

第9章

熟谙职场规则，让“职商”一路飙升

身在职场，规则不可不学。职场比的不是谁更厉害，而是谁能生存下去，谁能活得更久。只有将职场规则熟记于心，才能踏上从职场“穷忙族”到职场高手的康庄大道。

实力至上，职场不相信眼泪

职场是靠实力说话的地方，职场是靠业绩说话的地方。唯有辉煌的业绩和出类拔萃的能力，才是衡量你价值高低的标准。

生活中，有许多人都觉得自己用心工作，勤劳肯干，却得不到老板的认同和赞赏，这些人时常以一副受害者的姿态示人，并满腹牢骚，认为自己就算没有功劳，也有苦劳。如果你也是其中的一员，整日苦大仇深的模样，就容易在激烈的社会竞争中被淘汰。

职场就是战场，工作就是生意。在市场经济体制之下，职场注定要以效率为先，凭业绩说话。所以，不管你的工作多么辛苦，多么忙碌，如果缺乏效率，没有业绩，那么一切辛劳都是枉费，一切付出都没有价值。

下面这个故事中，两个女孩的不同遭遇就很好地说明了这一点。

心洁和婉婷一同应聘进入公司，做文职工作。两个人对公司忠心耿耿，但两个人的结局却大相径庭。心洁工作不到两个月就被解雇了，而婉婷不仅获得加薪，还被提升。为什么会出现这种截然相反的情况呢？

原来心洁忠心有余，做事却不讲效率，每天忙忙碌碌的她时常连自己分内的事都做不完。后来，她不小心遗失了公司的重要文件，让公司蒙受了巨大的经济损失。她满心懊悔地向老板道歉，但依旧没有获得原谅，收到了老板的解雇书。

我们再来看看婉婷。婉婷头脑灵活，变着法儿地提高工作效率，交给她的工作都会很快完成，并且还会做一些并非自己分内的工作，譬如替老板给客户打电话等。婉婷一直坚持这样做，并不在意老板是否注意到自己的努力。终于有一天，老板的秘书因故辞职，婉婷当上了秘书。故事并没有结束，优秀的婉婷引起了同行的关注，其他公司纷纷向她伸出了橄榄枝，提供更好的职位邀请她加盟。为了让婉婷留在公司，老板不仅晋升她的职位，更是多次提高她的薪水，与初进公司相比，她的薪水已经提高了 3 倍之多。尽管如此，老板仍深感其出色的业绩远非 3 倍的薪水所能匹配的。

在职场中，经验、资历与勤奋固然重要，但这并不是衡量能力的标准。勤奋和努力固然值得赞赏，但不能创造价值便毫无价值。职场是靠实力说话的地方，职场是靠业绩说话的地方。埋头犁地、勤恳作业，却不肯抬头看路的“老黄牛”式工作状态早已不适用于当今社会，要知道，所有老板都希望自己的员工能够创造出丰硕的业绩，而绝不希望看到员工卖力工作却成效甚微。

树立强烈的危机意识，是每个人生存于现代社会必须好好修炼的功课。人们必须时刻给自己敲响警钟，激烈的社会竞争注定了职场不会同情弱者，不会相信眼泪。在这里，只有实力至上，做出业绩才是硬道理。

优胜劣汰是必须知道的规则。如果在职场中不能与时俱进，如果不懂得实力至上，如果满足于“小富即安”的现状，那么相信你们迟早会被现实的巨浪击倒。职场不相信眼泪，唯有辉煌的业绩和出类拔萃的能力，才是衡量一个人价值高低的标准。唯有拥有实力，才能让你立于不败之地。

不想被排挤，就要尊重老前辈

即使你不是刚刚毕业的新人，但在工作中，面对比你先进公司的前辈，无论年长年幼，资历如何，该低头的时候就应该低头。

对于刚刚走入职场的人来说，有两种人是必须给予高度重视的：一种是掌握你去留升降大权的上司；一种是比你更早来到这个单位的前辈。这两种人一种手里握着权力，一种手里握着经验，而你只是赤手空拳，只有一身等待施展的本事。在这种情况下，对他们的漠视和蔑视都是不明智之举。

陈豪通过公务员考试进入一家事业单位工作，被分在办公室里做科员。上班没几日，陈豪就认为自己尽管年轻稚嫩、职位卑微，但面对反应迟钝、唯唯诺诺、只懂得对领导点头哈腰的办公室主任，自己无论在哪方面都更有优势。于是他主动请示领导，把那些枯燥乏味的撰写报告任务从主任手里承接下来。

一次，领导需要完成一份学术论文，请他帮忙，陈豪终于看到了机会。学术论文完成得非常漂亮，领导很是满意。领导的赏识让陈豪暗自得意，他也渐渐地进入“领导”角色。仗着领导的重用，陈豪反客为主，开始指派主任以及安排办公室的一些日常事务。主任依然如故，即便有的同事颇有微词，他始终都是笑嘻嘻的，即便面对陈豪的指手画脚，他依然保持着那份招牌式的笑容。逐渐地，主任在工作上的权力几乎都被陈豪所取代。陈豪甚是得意，并自信地认为，下一任的主任自己当定了，就等领导在适当的机会宣布结果了。

可是事情并不如陈豪想得那么简单。两年一度领导换届，主任依旧以遥遥领先的票数继续留任主任一职，陈豪获得的只是领导的口头表扬和鼓励。不服气的陈豪直接去找领导，领导笑眯眯地对他说：“做领导仅有能力是不够的，更需要经验和能够服众的品格，你还年轻，好好学，继续努力！”对于领导的解释，陈豪还是很不服气，但接下来发生的一件事，让他彻底口服心服。

陈豪前段时间处理的一项企划中出现了一个重大的漏洞，幸好对方公司及时发现，没有造成什么损失，但对方对陈豪很不满意，要追究他的责任。眼看自己的饭碗就要保不住时，主任出面了。原来主任与对方公司的老板接触过几次，彼此印象都不错，于是他带着陈豪去致歉，并劝说对方既然没有损失就再给陈豪一个机会。主任三言两语就将问题解决了，陈豪对主任感激不尽。此刻，陈豪终于明白自己输在哪儿了，也终于知道为什么其他同事都支持和尊重这位“平庸”的主任了。

不要因为自己年轻、有知识、有能力，就目空一切、炫耀自己。俗话说得好：“老将出马，一个顶俩。”即便有的前辈没有显现出一定的学识和能力，但久经世事历练的他们就是比你有处世的经验。他们懂得如何将工作做得更好，懂得如何处理好各类关系，懂得如何化解矛盾、解决问题。而你对公司的整套流程不熟悉，在公司也没有人脉，形单影只的你如果再一副颐指气使的模样，那么定会遭到众人的排挤。

其实对于职场上尊老敬老的准则，很多年轻人也都能够遵循，只是他们尊重的对象往往只限于自己的领导。出现这种现象的原因在于许多人单纯地认为跟自己同级的前辈不重要，自己完全没有必要对其“卑躬屈膝”。然而事实并非如此，虽然前辈的看法不能直接决定你的命运，但是如果你处理不好与前辈的关系，就无法从他们那里获得丰富的工作经验，也便会走更多的弯路。如果他们故意给你穿小鞋的话，那么你的命运可就悲惨了。

电视剧《闯关东》中有这样一段：

朱家老三朱传杰打理“朱记货栈”，他聘请了当地小有名气的张垛爷为他赶垛，运送货物。张垛爷有着丰富的赶垛经验，但身上却有一些坏习气，比如花东家的钱大手大脚，串通客栈老板偷拿东家货物等。对此，朱传杰对他很不满意，两人也经常发生磕绊。后来有一次，朱传杰当众揭穿了张垛爷的鬼把戏，张垛爷对此怀恨在心，一心想教训他。在接下来的赶垛路途中，张垛爷不但让朱传杰在冰天雪地里睡觉冻病了，还故意走险路，致使朱传杰掉进了捕捉老虎的陷阱，险些丧命。

张垛爷救了朱传杰，两人冰释前嫌，后来朱传杰还让张垛爷做主货栈的事。处世老道的张垛爷不但把马帮带了回去，还把自己走垛的经验全部传授给朱传杰，为朱传杰后来的经营打下了基础。

像张垛爷这样的前辈在职场中并不少见。虽然他们有缺点，但不可否认，他们具有旁人无法拥有的经验，他们能够利用经验养活自己，也能够利用经验作弄别人。此外我们不难看出，像张垛爷这类人轻易不会将自己糊口的本事传授给他人，这大概就是“教会徒弟，饿死师傅”的传统观念在作祟。不过，智慧的朱传杰最后还是用自己的尊重成功赢得张垛爷的信任，学到了手艺。可见，尊重前辈不但能让你获得好的人缘，还能让你获得更多宝贵的经验。

当然，让你向前辈低头，并不是让你忍气吞声，如果对方是刻意刁难或挑衅，那么你也要学会反驳，毕竟每个人都有为自己争取利益的权利。但切忌使用过激的言辞，或莽撞行事，以免让彼此的关系弄得太僵，大家终究还是同事，还要以和为贵。

你即便技术出众，能力过人，也不能因此看不起前辈，而应时刻保持对前辈的尊重。一个有能力而不具攻击性的人往往更容易获得他人的信赖和喜爱，也更容易让他人接受自己的建议和想法。

做好分内事，不揽办不到的活儿

无论是大事还是小事，都应该一诺千金，说到就要做到。如果做不到，就不要轻易许下诺言。轻诺寡信的行为只要做一次，就可能对你的信用造成长期难以弥补的损害。

有句老话叫“轻诺者必寡信”。这句话就是要提醒每一个身处职场的人，遇事时一定要三思而后行，切不可轻易许诺，即便自己完全有能力做到的事也应谨慎地做出承诺，因为这关乎一个人的信誉，而信誉又是人一生中最宝贵的资产。

王强在银行工作，他过去的高中班主任想开一家公司，但缺少资金，便去问王强能不能帮忙贷款。王强心想：这是老师第一次找自己帮忙，怎么能拒绝呢？于是当即一口答应。可毕竟王强刚参加工作不久，老师的贷款请求又不大合乎规章，所以当老师租好门面、请好员工、等着资金开业时，王强的贷款却迟迟批不下来，拿不出钱。老师大怒，责备王强：“你这不是捉弄我吗？你即使不想帮我，也不该这样祸害我啊！”王强有苦说不出，只得满脸苦笑地向老师一个劲儿地赔不是。

即便如此，王强并没有从这件事上吸取教训，依旧向大家显示自己的“热心肠”。有一天，王强在闲谈中向同事炫耀自己在市房管所有熟人，能办房产证，而且花钱少、办事快。大家见王强说得头头是道，都信以为真，有些急于办理房产证的同事第二天就交钱相托。但时隔多日，同事不见回音，就追问王强。王强敷衍道：“近来人家事儿太多，再等等。”拖得时间长了，同事们对王强的办事能力产生了怀疑，便向他要钱。这回王强辩解说：“谋事在人，成事在天。你的事儿虽然没办成，可我该跑的跑了，该请的请了，你不能让我为你们的事自掏腰包吧？”王强的言下之意，事虽没办成，但钱不可能全退。没办法，同事们权当花钱买个教训了。从这以后，王强的话再也没人相信了，而且同事在闲暇聊天时，只要王强往人群里一站，大伙好像有一种默契似的，不是缄默不语，就是纷纷散去，更糟糕的是，连领导对王强都产生了看法。

俗话说：“没有金刚钻，别揽瓷器活。”面对别人的求助，表现出勇于担当的态度是非常好的，但如果勇于担当却没有解决问题的能力，那就不太妙了。能力足够，帮人一把，无可厚非，但若能力不够，就不要强出头。否则，你会像故事中的王强一样，失去他人对你的信任，进而失去职场中的一切有利因素。

承诺是一件非常严肃且重要的事情。身在职场，一定要重视自己对别人许下的诺言。一般来说，他人有求于你，说明你有一定的能力，并且也得到了对方的认可。但同时也表明，对方对你的期望值很高，盼望着你能够“力挽狂澜”。倘若你经常包揽一些自己办不到的活儿，便会使对方对你一次又一次地失望，并开始怀疑你的能力，质疑你的人格。

那么，面对他人的赏识，究竟是接受，还是拒绝呢？其实在你决定说“YES”或“NO”之前，必须做好以下工作：了解事件起因，弄清解决问题所需要的资源与能力，分析自己可能会遇到的困难，估算事件成功的可能性有多大，以及对方对失败结果的接受程度等。只有经过仔细权衡，方可做出最后的决策，从而避免失信于人。

诚信是职场人际关系中尤为重要的东西。一个讲信用、重诺言的人往往会因此而获得他人的信赖，从而促进事业的成功。你的每一项承诺都是对你人格的担保，只有言而有信才能取悦于人。试问，有谁会相信一个经常食言失信、出尔反尔的人，又有谁愿意跟这样的人做朋友呢？

承诺并不仅仅是一个主观上愿不愿意守信的问题，还是一个有没有能力兑现的问题。人贵有自知之明，正确认识自己真实的能力，是决定信守承诺的关键。总之，做好分内事，不揽办不到的活儿，对他人承诺前一定要三思而后行，对于自己根本就没有能力做或不打算做、不应该做的事情，绝不能承诺。轻诺寡信的行为只要有一次，就可能对你的信用造成长期难以弥补的损害。

老板的话只信一半，画的大饼吃不到

不要轻信老板所说的话，也不要指望老板会兑现对你说的每一句承诺。因为对于老板来说，他们首先关心的是利润，其次才是个人情谊。

做事需要讲计谋，为人处世同样需要有点心计。

你是否记得《农夫赶驴》的故事？农夫为了让驴子前进，就在驴子眼前挂了一根胡萝卜，驴子以为再往前一步就能够吃到美食，就不停地往前走。农夫不打不骂，仅用一根胡萝卜就达到了自己的目的。反观当今那些工于心计的老板不正像故事中智慧的农夫一样，时常给员工画一张大大的饼，进而让下属心甘情愿地为其工作吗？

于达2009年大学毕业，找到一份文职工作。于达为人直爽，能力出众，备受同事们的支持和喜爱，同时也获得了老板的赏识。有一次在与老板的私人谈话中，老板意味深长地拍着于达的肩膀说："你和他们不一样，你不仅是我的心腹，还是我的眼睛。我需要你定期向我汇报其他员工的工作情况和他们私下里谈论的一些事情……对了，我觉得企划部部门经理的位置很适合你，你要努力啊！我期待你的表现！"刚刚参加工作的于达并不清楚这只是老板惯用的一个小把戏，以为是自己良好的表现赢得了老板的器重。欣喜之余，他把每一个字都铭记在心，把自己当成老板的心腹，并决心要在老板面前好好表现。

此后，于达不仅在工作中投入热情和精力，还经常向老板汇报同事们的情况，小到平时同事们的闲话家常，大到老刘、小张工作之余干私活、出私差等，事无巨细，都一一禀报。起初，老板对这些事情相当关心，还不时给于达扔个"甜点"，例如说上几句赞扬话、带他出去见见客户、邀请他共进午餐、私下里看似亲近地拉拉家常、聊聊自己的光荣史，等等。然而时间一长，老板对于达汇报的这些琐事逐渐失去了兴趣，开始用"哦""嗯""知道了"敷衍，且与于达私下的邀约也越来越少。老板态度的转变于达早有发觉，但他却认为是自己近期工作让老板不满意，于是更加努力地工作。

可是，即便于达百般努力，依旧没有扭转老板对他的态度，而且更糟糕的是，他发现自己在公司的生存空间越来越小、生存环境越来越困难。世上没有不透风的墙。原来于达打小报告的行为很快就被同事们所察觉，同事们在他面前不再像以前那样嘻嘻哈哈、打打闹闹了，而且凡事都避着他。于达深感自己与同事们的关系越来越敏感和紧张，他们把自己真的当成老板的心腹和耳目了。老板曾经的许诺早已化成泡影，而他也不再向老板"通风报信"了，现在的他懊悔不已。

在上面的故事中，于达犯了两个错误，其一是他把老板当成自己职业生涯的一切，认为只要依靠老板，职场中的一切都能够搞定，于是把赌注全部压在了老板这边，忽略了与同事建立良好关系。其二是他对老板的错误认识，单纯地认为老板是言而有信、言出必行的，于是对老板忠心不二，坚决执行老板的一切指令，包括错误和模糊的指令，从而犯下了职场大忌——轻信老板所有的话。

在职场中，不要轻信老板所说的话，也不要指望老板会兑现对你说的每一句承诺。因为对于老板来说，他们首先关心的是利润，其次才是个人情谊。也就是说，一旦遇到公司利益和个人情谊发生冲突时，老板会毫不犹豫地选择前者，这是老板的本分所在，无可厚非。老板有些话有时只是随意那么一说，你不妨也就随意那么一听，不必尽信，不必照单全收。否则，你不仅吃不到大饼，还有可能成为牺牲品。

聪明人都懂得推功揽过

所谓“功过”不过是事情出现结果之后的评价而已，不必过于在意。有些人好大喜功，便难免让人觉得他虚浮、不可靠。有功劳时主动让给别人去领，有过错时主动去一力承担，这是虚怀若谷的表现。

功劳往往伴随着精神上和物质上的双重奖励，这也正是很多人乐于追逐功劳的原因所在；过错则通常会带来很多负面效应，所以大家都避之唯恐不及。既然如此，聪明人为何要推功揽过呢？我们不妨换个角度思考一下。“推功”就是要将功劳让给别人，那样损失的只是无关紧要的虚名和蝇头小利。然而，你主动将功劳让给别人，不仅会让对方感恩戴德，还会赢得上司的赏识，让他觉得你踏实可靠，从而更加信任你。有了同事的感激之情和领导的信任，何愁事业不蒸蒸日上？“揽过”就是当团队在工作中出现过错，未能达成预期目标时，你应该积极将过错承担下来。其实，领导心里很清楚未能完成任务，是整个团队的失误，绝不是某一个人的过错。你若是主动提出承担责任，领导并不会真的以为是你的过错。他反而会因此而觉得你这个人有承担责任的勇气，能够得到领导的赏识才是难能可贵的。

有这样一则幽默故事：

一只黑猫费尽力气捉到了一只老鼠，它并没有把老鼠吃掉，而是逗这只老鼠玩儿，直到耍得这只老鼠筋疲力尽了，又把它放走。黄狗看到之后，非常不解地问：“黑猫老弟，你辛辛苦苦把老鼠捉到，为什么不享用，而要把它放走呢？”黑猫回答道：“我是跟我的上司白猫一起过来捉这只老鼠的，我把老鼠弄得筋疲力尽，再放它走，这样等我的上司白猫碰到它时，就能很容易地捉住它！”

这只黑猫就是一只非常聪明的猫，它懂得将功劳让给上司。如果白猫碰到这只老鼠，自然就能明白黑猫的用意，肯定会对黑猫抱有感激之心。黑猫虽然没有得到美味，却得到了更加珍贵的东西，那就是白猫对它的信任。

我们经常能够看到这样的情形，下属在汇报工作的时候，会突出上司的英明决断和卓越领导，以此来显示上司的不可缺少的作用。其实，这就是非常聪明的做法。你将功劳推给自己的上司，他并不会真的去抢本应属于你的功劳，相反，他会觉得你这人会做事，值得信任。由此可见，懂得推功揽过的人一定能够在工作上如鱼得水。

尊重现实是为人处世的首要法则之一。每个人都是自私的，都希望得到功劳，避免过错。然而，聪明人恰是那些“反其道而行之”、懂得

“推功揽过”的人。古往今来，凡是成功者都懂得与别人分享功劳。人人都懂得投桃报李，“送人玫瑰手有余香”，若是你在没成功的时候就懂得与别人分享利益，便一定能够为自己积累大量优质的人脉，为自己的成功铺路。这样的人才能让亲人、朋友都聚集在自己的身边，只有这样的人才会成功！

《菜根谭》中有这样一段话：“当与人同过，不当与人同功，同功则相忌；可与人共患难，不可与人共安乐，安乐则相仇。”这句话告诫我们，应当有与人共同承担过错的勇气，不可与别人抢功劳，如果你跟别人抢功劳，就很容易彼此猜忌；共患难的都是生死兄弟，自然彼此照顾，然而不可与人共同享乐，共同享乐之人是靠不住的。“人非圣贤，孰能无过。”既然每个人都难免犯错，就不要将犯错当成什么大不了的事情。如果在工作上或者生活中，出现了不太和谐的事情，赶紧把自己撇干净，生怕别人怪罪自己。这样做不仅得不到别人的认可，反而会让人觉得你不厚道，不够朋友。

当然，推功揽过也要有一个限度，也要讲究策略。并不是有了功劳就推给别人，什么过错你都主动承担，那样不是聪明人，是傻子！下面，我给大家提两点建议。

第一，揽过要适度。小过错，不涉及原则问题时，你可以主动去承担。因为这样做，最多也就挨几句批评，或者损失一点儿经济利益，得到的是别人的信任。然而，当涉及原则问题时，就要丁是丁卯是卯，不可轻易代人受过了。

第二，推功要不露痕迹。不要低估别人的智商，如果你把功劳让给别人时，言辞不恭，让人觉得你态度不好，那样不仅得不到别人的感激，甚至还有可能“偷鸡不成蚀把米”，功劳给了别人，还让人觉得你居心叵测，那就得不偿失了。

维护上司面子，就是维护你的前程

人往往有一个通病，即自以为有见解，自以为有口才，逮到机会就大发宏论，发现错误就咬住不放。其实这种做法并不明智，可能会对自己的职场生涯产生负面影响。

在职场中，上司是团队的核心人物，代表着一个团队的形象与能力，他的言行和决策大多经过深思熟虑，且具有一定的影响力，从而保障整个团队高效地运行。然而，上司也是人，不是神，也有说错话、做错事、下达错误指令的时候。那么，当你发现自己的上司有错时，你该怎么办呢？

下面让我们来看看这两位职场新人是如何处理的。

故事一：公司召开年终总结大会，经理讲话时出了个错，将一组数字说错了。其实大多数员工并没有发现这个问题，因为他们根本不知道这个数字本应该是多少。这时做财务工作的张宏站了起来，冲着台上正讲得眉飞色舞的经理高声纠正道："你讲错了，讲错了！那是年初的数字，现在的数字应该是……"全场哗然，经理的脸羞得通红，情绪也顿时低落下来，可以说，他的颜面被这突如其来的一句话一扫而光。此后不久，张宏因一点儿小错误被经理解雇了。

故事二：公司新招了一批新员工，在新员工见面会上，主管逐一点名。当喊到"刘桦"的名字时，全场一片寂静，见没有人应答，主管又高声喊了两遍。这时一个员工怯生生地站起来，低声地说："主管，我叫刘烨（yè），不叫刘桦（huà）。”人群中发出一阵低低的嘲笑声，主管的脸立刻沉了下来。这时一个精干的小伙子站了起来，满含歉意地说：“报告主管，我是打字员刘炜，是我把字打错了。”听到这句话，主管先是一惊，然后镇定地说：“太马虎了，下次注意。”主管挥挥手，示意他坐下，继续点名。没过多久，打字员刘炜被提升为公关部经理，而那个叫刘烨的员工却被解雇了。

中国人可以吃暗亏，也可以吃明亏，但就是绝对不愿吃“没面子”的亏。可以说，中国人在处理人际关系时是最讲究“面子”的。在第一个故事中，经理在会上将一组数字讲错了，做财务工作的张宏根本没必要马上纠正。因为其他人不知道经理说错了，而他这样大张旗鼓地喊出来，肯定会让经理在众人面前颜面尽失。倘若张宏在后来的工作中，不经意地把财务报表给上司看，那么上司在看到财务报表时，便会知道自己在会上说错了，也会因为张宏刻意维护自己的面子而对其好感大增。

我们再来看看第二个故事。每个人都有念错字的时候，如果这个叫刘烨的员工当时应答，事后再巧妙地纠正就不会伤害主管的面子。幸好机智的打字员刘炜承担了过错，巧妙地让主管从尴尬中走出来，赢得了主管的好感。

两个人不同的处理方法，就有了两种不同的结局。人无完人，面对工作中的千头万绪，用人管人中的千难万难，上司的疏忽和漏洞在所难免，这时候，作为下属的你要善于维护上司的面子。

当上司犯错误时，究竟如何才能维护他的面子呢？其实这没有一个固定的应对模式，要看上司的脾气秉性、犯错场合、错误可能造成的影响，还有你在公司里的地位以及与上司的关系等各方面的因素。举例来说，如果错误不明显或无关大局，且其他人没有发觉，你不妨“装聋作哑”，等事后有机会再予以提醒。如果上司的错误明显，确有纠正的必要，那么你最好寻找一种能使上司意识到而不让其他人觉察的方式纠正，一个眼神、一个手势、一声咳嗽都可能解决问题，从而让其他人认为是上司自己发现了错误，而不是被下属指出的。总之，无论什么事情，如果碰巧是上司的错误，作为下属都应该给上司留情面，不可当众纠正，更不能“落井下石”。

你的事业发展不仅仅要依靠自己的才学与工作能力，更要依靠为人处世的圆滑。要知道，维护上司面子，就是为了树立上司权威，表明你对上司是善意的；维护上司面子，就是出于对上司的关心和爱戴，是为了帮助上司做好工作；维护上司面子，就是表明你是尊重上司的，你服从他的权威，你的意见并不代表你在指责他，而是为他的工作着想；维护上司面子，就是给你留下充分的余地，就是维护你的前程。

人人都喜欢别人评论自己的功劳而回避自己的过失，上司更是如此，所以在上司犯错误时，请收起你的直言快语。

与不同性格的同事和谐共处

与不同性格的同事打交道是一门艺术，掌握好这门艺术，就可以使你如鱼得水，进退自如；相反，如果你的技艺较差，那么就可能举步维艰，众叛亲离。

任何一个人要想取得事业的成功，仅凭突出的工作能力和专业技能是远远不够的，必须两条腿走路，既要做好分内的工作，又要处理好与同事的关系。随着市场经济的发展，“同事”一词的内涵也在逐渐丰富。在职场中，同事之间既存在着激烈的竞争，又离不开密切的合作，可以说，利益的驱动决定了同事之间必然存在这种竞争与合作的辩证关系。

每一个工作单位，就是一个社会缩影，来自不同成长环境、不同文化背景、不同兴趣爱好以及不同思想观念的人聚集起来，一同工作，一同奋斗。在这里，每一个人就仿佛是大树上的一片叶子，虽然每片叶子的外形比较相似，但纹理却都是独一无二的，每个人都有着不同的专业特长、脾气秉性和处事原则。与同事打交道的目的是为更好地完成自己的工作，因此，无论对方的性格如何，你都要想办法应对。

在同一个单位里，有多种性格的同事是一种必然，也是一种幸运。因为正是有了这些不同性格的同事，才让你的职场生活更加丰富多彩，并且性格的互补又让你在困难面前多了许多选择。所以，不要再抱怨你的同事性格和你大相径庭，不要再挑剔你的同事性格怪僻，在职场中，你只要把周围同事的性格“看透了”，并把相处的艺术修好了，就能和谐相处。

与不同性格的同事打交道是一门艺术，掌握好这门艺术，就可以使你如鱼得水，进退自如；相反，如果你的技艺较差，那么就可能让你举步维艰，众叛亲离。以下是针对不同性格的同事所提出的相处良策，不妨借鉴一下。

一般来说，与性格活泼的同事相处时可以随意些，一些无伤大雅的玩笑和调侃反而会拉近彼此的距离。而对于秉性拘谨且性情抑郁者，则不能肆意开玩笑。这类人大多做事小心谨慎，因此与他们相处时，要真诚，多鼓励，以便获得对方的信任。

对于性格耿直的同事，你要真诚以待，用最简单直接的方式与其沟通。如果对方对你直来直去，而你却绕弯子，那么他便会觉得你虚伪，不愿意与你继续交往。

与敏感多疑的同事交往时，要格外注意把握好分寸。这类人大多缺乏自信，所以最好不要在他们面前表现出你的优越感和不屑，要多去赞美他们心思细腻，做事踏实，称赞他们优秀的一面。总之，和这样的同事相处时，你的话要说得“圆润”，你的事要做得“圆满”。

对于性格轻狂、傲慢无礼的同事，你没有必要去计较他们的无礼。他们一般以自我为中心，有时缺乏自知之明。在平常的工作中，无须对他们低三下四，但也不能用同样的傲慢无视他们。这类人不可深交，你只要话到、礼到即可，避免让对方挑毛病。

固执己见的同事往往刚愎自用，自以为是，听不进他人的话。和他们相处时，你要敢于剖析他们的错误之处，提醒他们那样做将会导致什么后果。你这样做他们虽然可能会不接受，但内心会动摇，这时你再趁机提出自己的想法，那么他们接受的可能性就会大大增加了。

职场中还有一些沉默寡言的同事，他们一般性格内向，很少与人沟通。其实他们并不一定缺乏自信，只是不善于表达，属于慢热型的人。和他们相处时，你要把节奏放慢，让对方适应。一旦他们对你产生了信任感，以后就会滔滔不绝地向你倾诉自己的心声。

与不同性格的同事交往的方式还有很多，比如在铁嘴钢牙的同事面前泰然自若，帮喜欢怨天尤人的同事解决具体问题，等等。与同事和谐相处的技巧还需要每一位职场新人在工作中留心观察，不断积累，并灵活应用。总之，只要针对不同性格的同事采取正确的应对之法，你便能在纷繁复杂的职场生活中游刃有余。

对“办公室八卦”只听不评

无论是同事，还是老板，没人会尊重和欣赏一个八卦消息的制造者、传播者。你每制造或传播一次八卦消息，就等于向大家发出一个信息：我既不稳重，也不值得信任。

对于繁忙的上班族来说，每天在办公室里的时间是非常长的，所以即使工作再繁重，也不会缺少与同事们沟通交流的时间。然而一提到办公室里的沟通，似乎就会让人联想到一幅几个长舌妇聚在一起东拉西扯、饶有兴趣地谈论他人的景象，而流言蜚语就是这样滋生出来的。

王菲高考落榜后进入一家工厂上班，同王菲一同进厂的新员工有三十来人，但只有王菲一个人被分到了科室工作，其他人全部下到车间。王菲很高兴，认为自己很幸运，下决心要努力工作，她虚心地向老同志请教学习，细心观察别人的处事方法……勤奋好学的王菲很快就在工作上取得了一些成绩，但是在她背后的流言也越来越多。有些同事在背后议论她的品行有问题，有人说她靠不正当手段才进入科室的，有人说她与领导的关系不一般……这些无中生有的议论，严重影响了王菲的情绪，给她造成了很大的心理压力，工作上也出现了不少错误。人言可畏，很快领导给她调往另一个部门，以免再生事端。

从此，王菲的情绪低落到极点，而她在调往新部门的第一天，就在办公室门口听见同事小王在“评论”自己。那些不堪的话瞬间点燃了王菲的怒火，她将心中积聚的所有怨气都发泄到了小王身上。小王本来理亏，也不敢辩解什么，只能任凭王菲的数落。

这件事很快就在厂里传开了，不过这一次大家的矛头不再是王菲，而是长舌小王。就这样，小王一个大男人被同事们冠以“长舌妇”的称号。不久，单位领导找小王谈话，批评他散播谣言，搬弄是非，并让他写检讨，向王菲道歉。小王很是委屈，他认为大家都曾议论过此事，自己也是从别人口中得知这些事的，为什么唯独自己成了众矢之的呢？

办公室中总是有许多小道消息口口相传，这些消息的真假以及从何而来，基本上没有人会去考究，也很难弄清楚，特别是一些涉及个人隐私的，比方说男女关系、家庭婚变等，更是以接近光速的速度传播。这些言论不仅会带来伤害大家感情的误解、困惑、痛苦、冲突，还会削弱彼此之间的信任和士气；这些言论都是办公室里的不稳定因素，同事之间会因此产生矛盾，团队的凝聚力会因此受到重创。或许你认为小王是不幸的，或许你更认为自己的妄加评论被当事人听见的概率微乎其微，但在办公室里谈论八卦是为自己埋下的一颗定时炸弹，终究会有爆炸的一天，而一旦引爆，带来的危害就是巨大的、难以弥补的，小王的遭遇就是一个深刻的教训。

职场中总有这样一些人，他们到处散布流言蜚语，东家长李家短，添油加醋，搬弄是非，唯恐天下不乱。他们不会考虑到这些流言蜚语会给别人的工作、生活带来多大的影响。一句话能让人跳，一句话也能让人笑。作为一个知性的现代人，在办公室说话时要注意分寸、讲究方法，千万不要给别人留下一个喜欢传播“流言蜚语”的长舌妇的印象。

对于“办公室八卦”，首先，你要懂得尊重别人，不要和那些散布流言者为伍，不要随意谈论别人的私事，更不能捏造事实；其次，当有人和你说起别人的坏话、散布别人的谣言时，不要随声附和，更不能妄加评论，若这些闲言闲语传进其他同事的耳朵，说这些话的人往往会将过错都推到你身上，从而影响你和同事的关系；最后，办公室里还要注意一种新的“八卦”传播途径，那就是通过电子邮件、MSN、QQ 等网络工具传播“小道消息”。这种情况比说错话更具有危险性，因为它很容易被公司的网络部门所“监视”，在“白纸黑字”面前，到时你想赖都赖不掉。

总之，在办公室里最好离那些长舌妇远一点儿，不要制造和传播办公室八卦，实在不可避免时，务必做到“只听不评”。

恩宜自薄而厚，威须先严后宽

“恩宜自淡而浓，先浓后淡者人忘其惠；威宜自严而宽，先宽后严者人怨其酷。”恩惠要自淡而浓，如果自浓而淡，别人就会忘记你给过的恩惠。威要从严至宽，如果从宽至严，别人就会怨恨你的冷酷。

组织或个人如果要树立权威，就要从一开始就坚持原则，对下属从严要求，等到形成了良好的制度、文化和自觉性后，就可以宽松一些，因为制度本身并不是目的，制订制度是为了生成秩序。反之，如果一开始放松要求，姑息迁就，等到问题出现了再严刑厉法，人们就会接受不了，埋怨管理者严酷。

管理者向下属施行恩惠则要从淡至浓。如果一开始就施恩无度，先多后少，一旦把人们的胃口调起来后，就会把先前的恩惠忘得一干二净。与人相处也是一样的道理，如果一开始对别人百般讨好，后来坚持不下来，稍有放松，那么他很容易将你先前的恩惠一笔勾销，反过来抱怨你始乱终弃，对你不再信任。而不信任，恰是导致人际关系恶性循环的根源。

在对别人行恩惠的时候，要自薄而厚。比如，完成一件事的市场价格是五十块钱，如果你第一次给了别人一百块钱的报酬，第二次只给了五十块钱，那么别人一定会抱怨你，忘记你第一次的恩惠。反之，如果你第一次给了五十块钱，第二次给他一百块，他就会非常高兴。同样花了一百五十块钱，先后顺序不同，就会收到截然相反的效果。

有一位农夫，在一个寒冷的傍晚买了一些熟食准备回家跟家人分享。走在路上，遇到了一个乞丐。乞丐在冷风中瑟瑟发抖，他向农夫伸出双手，眼里饱含泪水。农夫看他可怜，便咬了咬牙，把一条鸡腿送给他吃。乞丐接过来，向农夫投来感激的目光，并祝福农夫一生好运。农夫回到家之后，将事情的经过告诉了妻子，妻子很赞同他的做法。过了几天，农夫又在买好食物回家的路上遇到了这个乞丐。这次，农夫买的是馒头。于是，农夫将一个馒头递给了乞丐。没想到乞丐接过来之后，连连抱怨农夫小气，还口出恶言。

农夫非常生气，回到家之后，把这件事情告诉了妻子。妻子听完农夫的讲述，温柔地对丈夫说："亲爱的，你第一次给他鸡腿吃，他自然很感激你；第二次，你只给了他馒头，他觉得不如鸡腿好，自然会抱怨你。如果你第一次给他的是馒头，第二次给他鸡腿，他一定会两次都非常感激！"农夫听完之后，恍然大悟。

人与人相处就是这样，如果你一开始就给予别人很大的恩惠，那他就会想当然地认为这是你的最低标准。若是后来的恩惠不如从前，他心理上就会产生落差，忘记你以前的恩惠，转而抱怨你。

有人抱怨，自己给予别人恩惠，别人反而不领情，既然如此，为何要给人恩惠呢？倒不如留着自己享用了！这样的观点显然是站不住脚的。我们给予恩惠，是为了笼络人情，结交人脉，总不能因噎废食吧？导致这种情况的根源就是，很多人不懂得"恩宜自薄而厚"这个道理。我们既要懂得施恩要循序渐进的道理，又要善于运用小恩小惠，这样才能在人际交往中游刃有余。

所谓"威须先严后宽"，就是要在一开始的时候就确立非常严格的标准，树立威信。这样一来，若是日后有需要可以稍微调整尺度，大家也比较容易接受、易于适应。若是一开始非常宽松，不加约束，日后突然将发条上紧，无疑会非常困难，而且即便勉强实行了，也必然会怨声载道。对于领导者而言，在树立威信的过程中，切不可一开始就对下属宽松要求，这样会让他们觉得你人比较随和，从而会在工作中不那么严格要求自己，影响工作质量。如果一开始就给他们一个下马威，让他们觉得你有严格整治工作风气的勇气，则比较容易实现令出必行的目的了。以后再根据需要，慢慢放宽尺度，他们会觉得你不仅有威信，而且能够体谅下属，这也在无形之中增加了你在他们心目中的分量。

深谙谋略之道的人都懂得，处理人际关系要“恩威并济”。“恩宜自薄而厚，威须先严后宽”是最为实用的处世技巧，是凡欲成就大事者必备的知识。

第10章

人性其实很复杂，交友切忌太单纯

生活中，有时难免会遇到小人，他们表面上照顾你，关心你，背地里却暗藏心机。如果你被表象所蒙蔽，那么最终受伤的就是你自己。所以，每个闯荡社会的年轻人，都应该给自己留个心眼儿，切忌太单纯。

轻信，被算计的开始

人心叵测，总是让人防不胜防。平日里那些看上去并无恶意之人，背地里却可能机关算尽，时刻等待着单纯的你落入他早已挖好的陷阱。

有些人贪慕虚荣，喜欢听顺耳之词，于是别有用心之人往往就用谄媚之言换取他人的好感和信任，而一旦赢得了对方的信任，与对方做成了“朋友”，那么他们便会开始为自己的利益谋划计算。

唐明皇时期，有两位宰相共辅国政，一位是拘谨正直的李适之，一位是阴险狡诈的李林甫。李适之在朝廷上常常反对李林甫，于是李林甫一直想寻找机会算计陷害李适之。尽管李林甫不喜欢李适之，但在表面上，他还是礼让有加，似乎从来没有什么冲突和矛盾。

一日，两人闲谈中，李林甫对李适之说：“华山出产金矿，谁都知道，如果开工采掘，可以为国家增加大量的财富，你何不奏闻圣上？”李适之是老实人，亦认为此事可行，于是奏表于唐明皇。不久，唐明皇召见了李林甫，问道：“适之所奏华山有金矿可采，此事你可知道？”李林甫相答：“微臣近来常为陛下的疾病所担忧，听闻华山金矿的那一方位实为陛下本命，地下隐伏着三老三气，如果采掘，将不利于陛下龙体，臣正以此为忧，故不敢将此事奏闻圣上。”唐明皇听了这话，认为李林甫才是文武百官中对自己最关心的忠义之臣，而对李适之渐渐疏远。后来李适之被罢免，由李林甫一人当政。

李林甫三言两语就拔掉了眼中钉、肉中刺，让自己成为唐明皇的心腹。或许你是为忠臣李适之抱不平，可若不是他轻信李林甫的话，又怎会中计，又怎会落得被罢免的下场呢？

常言道："害人之心不可有，防人之心不可无。"也许这句话在你看来有些狭隘，让人变得谨小慎微，毫无磊落之气，但是在这个竞争激烈的社会中，有的人为了在竞争中取胜，往往会不择手段。例如，平日里看上去并无恶意之人，背地里却可能机关算尽，时刻等待着单纯的你落入他早已挖好的陷阱。

部门新来了一个名牌大学毕业的大学生，名叫张凯。部门总监王鑫是个非常爱才的人，于是对张凯另眼相看，张凯也对王鑫百般巴结和讨好。时间一长，两人成了推心置腹的好朋友。王鑫什么事都不瞒着张凯，甚至连自己和部门主任之间不和的事情也和盘托出。后来，王鑫渐渐感到那位主任与自己的矛盾日益加深，关系越来越僵，甚至时常当面出语顶撞，两人几乎难以共事。

为了息事宁人，上级只好把两人调开。王鑫被调到新的部门，虽然职位上有所提升，但无实权。王鑫对此次调动虽有不满，但他认为责任在于自己没有处理好同事关系。他在临走时，向上级推荐了自己的好友张凯，希望领导多多照顾和栽培他，果然张凯不久就受到了重用。

王鑫和那个主任的矛盾主要是因工作而起的，由于两人不在同一部门工作，摩擦自然少了许多。日子久了，两人多年的积怨也逐渐消退，并重新沟通起来。在一次交谈中，王鑫意外地发现主任当初对自己的态度突然转变，全是因为张凯在中间传话捣鬼。张凯把自己批评、抱怨主任的话一五一十地都告诉了主任，甚至还加了很多子虚乌有的内容。王鑫如梦初醒，大呼上当，愤怒地去找张凯。谁知张凯却一副满不在乎的样子，并反咬一口说："我既没有造谣，也没有诽谤，你自己说过的话难道都不记得了吗？还是你不敢承认呢？”

口蜜腹剑的人为了达到自己的目的，可以假装真诚、假装亲密、假装朋友。就像故事里的张凯就以亲密朋友的身份在王鑫背后深深地捅了一刀。若不是王鑫偶然发现真相，他仍会与张凯称兄道弟。

人心叵测，总是让人防不胜防。无论对方与你关系如何，无论你们是否存在利益关系，别人对你说的话、为你做的事，你都应该用自己的大脑仔细斟酌一下，判断它的真实性，思考它背后真实的意图，不要被他人的花言巧语、假真诚所蒙骗。如果发现他人是别有用心的欺骗，那你也无需与他论争，更不必怒目相向。有的人天生就是演员，一定会用无辜的表情作为回答。

总之，你要多点儿防人之心，擦亮自己的双眼，理性判断，不要轻信于人，从而避免被小人所算计。

走过同样的路，未必是同路人

相同的人生经历并不能证明一个人如何。在当今社会中，有些别有用心的人正是利用这种情感的“共鸣”来实现自己的一己私欲。

白居易被贬江州，久居偏远地区缺少知音的他心情郁闷至极，一次偶遇被商人抛弃的琵琶女，他在得知对方跟自己有着同样凄惨的遭遇后，心生共鸣，用一句“同是天涯沦落人，相逢何必曾相识”将两个陌生人的心紧紧地拉近。其实，同病相怜并非只存在于古代，在我们现代生活中，那些曾经有过相似经历的人，往往也更容易互相靠近，更容易成为朋友。

从心理学角度来说，人与人之间一旦拥有过同样的体验或秘密，彼此的关系就会增强，彼此的亲密感和信赖度也会大幅度地提升，并且双方所共有的体验越是相近，越能让彼此拥有同伴感觉。比如“战友”一词对于某个时代或某个特定环境的人而言，就饱含了一种许多人难以体会的特殊感情。有时只要说一句“我也是从 ×× 部队退伍的”，就可以让初次见面的两个人备感亲切和信任，因为它总是能勾起曾经在战场上或某次抢险中战友们同在生死线上浴血奋战的记忆。又比如许多人对“同学”一词也深有感触。在大多数人的认知中，同学间的情谊往往是最真诚、最纯洁的。在走出校门踏进社会后，如果初次见面的两个人得知彼此是校友、学友，那么便会产生一种莫名其妙的亲切感，仿佛昔日美好的校园生活正在重现，昔日的浪漫和纯真也伴随而来。不难看出，人们在下意识里，总会不知不觉地由于怀念过去而认同眼前的人。

然而，相同的人生经历并不能证明一个人如何。在当今社会中，有些别有用心的人正是利用人们这种情感的“共鸣”来实现自己的一己私欲。如此看来，在生活中似乎更要提防那些用相同经历来主动与你套近乎的人。

王铭曾参过军，退伍后在一家外贸公司工作。王铭虽然没上过大学，但凭着自己的勤奋好学，不久就成了公司里的业务骨干。后来他辞掉了工作，自己创办了一家公司。王铭凭着自己多年的经验和军队中那种奋勇拼搏的精神在商场上大展拳脚，没过几年就拥有了几百万元的固定资产。

然而接下来的事情就没有那么顺利了。2006 年，王铭的一个老客户要融资租赁，请求王铭提供担保。王铭在商场打拼多年，深知做事必须严谨，因此尽管是老客户，他还是按照惯例审查该客户与租赁公司的合同以及该客户的运营状况。审查过后，王铭认为此事风险过大，准备婉言回绝对方。可还没等给对方回信，对方突然派了一名业务主管前来商讨此事。

初次见面，两个人互相介绍，王铭得知该人姓胡，胡某忽然说：“我觉得你的名字很耳熟，你是不是在××部队待过？”王铭说了自己曾在某部队当兵。胡某高兴地叫起来：“哎呀，你是一班的，我是二班的，我说怎么觉得你眼熟呢！”话题一发不可收拾，两人似乎又回到了当年的部队。王铭回忆起胡某还是一次抢险活动的先遣队员，英勇无比。两人越谈越投机，俨然恢复了当战士时的豪爽。中午王铭宴请胡某，两人边吃边聊。

后来渐渐谈起了关于担保的事情，胡某向王铭解释了那些有疑问的地方，然后拍着胸脯向王铭保证：“我们公司的信誉绝对没问题，资金只是暂时周转不过来，绝对不会连累你的。”王铭正处在兴奋之中，对胡某的话深信不疑，加之喝了点儿酒，迷迷糊糊地就在担保合同上签了字。

其实，胡某所在公司早已资不抵债，签订这个合同就是为了骗王铭的钱。等王铭反应过来时，他发现胡某所在公司的财产已所剩无几，根本无法追偿。此时的王铭悔恨不已，一个“战友”毁了自己多年的苦心经营。

“战友”本是伟大而崇高的字眼儿，尤其是经过同一部队洗礼的战友之情更非同一般。可是，胡某竟利用这种战友之情，为王铭下了套，毁掉了他长久以来的努力与付出。反观王铭，若不是他轻信于人，也不会落得如此下场。从王铭的教训中，我们不难总结出：即使是一同经历过某些事情的人，也未必值得完全信赖。

如果你单纯地认为朋友永远都是朋友，那么你注定会吃亏。一般来说，人们在没有利益冲突的时候，往往都是朋友，而在有利益可取的时候，就很少有“朋友”会真正牺牲自己，去为你两肋插刀了。所以，在特定环境和特定时间里很容易产生比较纯洁的关系，而一旦这种条件消失，那种友谊的真挚性就可能会受到影响。

法国批判现实主义作家巴尔扎克曾说过：“在没有弄清对方底细前，决不能掏出你的心。”经历是财富，不同时段的经历造就不同的财富。即便是走过相同的路，也只能算是共同拥有一种财富而已，并不代表整个人生的财富完全相同。无论你眼前的人曾经与你有过多少共同经历，你都要留个心眼儿，毕竟那些共同的过去无法代表现在，也无法代表他的真诚。记住，走过同样的路，未必就是同路人，冷静客观地面对，不要被“共鸣”所利用。

不推不迎，小心对待突然升温的友情

害人之心不可有，防人之心不可无。从一定意义上说，世上没有人会平白无故地对你好，每个人都是为了各自的利益而来的。

如果你和某人只是普通朋友，虽然一起吃过几次饭，但根本算不上有交情；如果你和某人曾经是好朋友，但已有好一段时间没有联系，感情早已淡了许多……然而突然有一天，他们开始对你热情起来，嘘寒问暖，倍加关心，那么此时似乎应该有所警觉，因为这种行为的背后可能隐藏着某种不为人知的企图。

这里之所以用“可能”二字，是为了对这种揣测保留一份客观性，避免以小人之心度君子之腹，误解对方的好意。因为人类天生就是感情丰富且复杂的动物，所以你的某位朋友也可能在一夜之间就发现了你的闪光点，对你产生无法抑制的好感，就像男女之间有时会一见钟情一样。不过这种情形的可能性比较小，你还是应尽量避免这种想法为妙。碰到这种突然升温的友情，你最好冷静对待，保持距离，否则你很可能会受到伤害。

生活中，要分析这种突然升温的“友情”是否含有“企图”并不难。你可以先从自己目前的状况入手，看看自己是否握有可被利用的资源。比如，如果你有权有势，那么对方就很可能对你有所企图，想通过你得到一些好处；如果你无权无势，但有钱，那么对方就很可能会向你借钱，甚至骗钱；如果你无权无势又无钱，根本没什么可让别人惦记的，那么这种突然升温的友情对你来说基本上没有危险，但也有可能是“项庄舞剑，意在沛公”，对方可能想利用你做他的垫脚石，重点在你的家人、亲属或朋友身上。

通过自身状况检查这种突然升温的友情没有“危险”之后，你的态度仍需要有所保留，因为这只是你的主观认定，并不一定正确。如果通过检查后的结果证实对方果真图谋不轨，你也不要立即回绝，这样很可能得罪他。无论在什么时候、何种情况，多树立一个敌人都是不明智的，特别是得罪一个小人，说不定他哪天就在背地里给你下个套。当然，你也不可迫不及待地迎上去，以免陷入被动境地。

其实，面对这种突然升温的假友情，你要学会不推不迎。不推不迎就好比男女间谈恋爱。若热烈地回应，就很容易让自己迷失，若突然斩断情丝，则很容易惹恼对方，而不推不迎恰好能让双方都冷静地面对。人一旦处于兴奋状态就会失去判断的准确性，所以不如冷静地看他究竟想玩儿什么把戏。一般来说，若对方对你有所图，一段时间后必然就暴露他的目的。此外，对于这种假友情，你要懂得投桃报李。他请你吃饭，你送他礼物，他帮你忙，你要有所回报，否则他哪天若真的对你明示自己的目的时，你便会因对他有所亏欠，而被他牢牢地控制，到时你再想逃脱，恐怕就没那么容易了。

人心隔肚皮，即便再亲密的朋友也有可能会不跟你一条心，何况是那些本来就不亲密的朋友，就更要小心行事了。

交浅不言深，别随便吐露心声

一个世故老练之人是绝不会和自己初识不久的人“畅所欲言”的，或许在你眼中这样的人狡猾、不真诚，但这正是最基本的自我保护。

刚刚踏入社会的人大都急于结交新朋友，而为了显示自己的热情和真诚，他们常常会毫无保留地把自己的心声说给那些初识不久的人以换取信任。

在当今社会，人们有时会犯“交浅言深”的毛病，因为在那些人看来只要交出自己的真心，就能换来他人的真意。真心交友并没错，但吐露心声一定要分对象。“交浅”就意味着接触时间不长，不熟悉。如果对方世故老练，表面一副真诚老实的模样，骨子里却居心不良、意图不轨，那么你对他“言深”就等于为自己埋下了一颗炸弹，说不定哪一天引爆就会让你付出惨痛的代价。

黎笑和康爽同在一家广告公司工作。康爽是后进公司的，由于与黎笑毕业于同一所大学，所以黎笑对她特别有好感，不久两人就成了很要好的朋友。黎笑平常有什么话都喜欢向康爽倾诉，每逢周末她还经常约康爽游玩。

有一次，黎笑跟一个同事一起接待一个客户，中途的时候，那个客户塞给这个同事一个纸包，说是给的“慰劳费”。同事当时虽然犹豫了一下，但也没说不要，最后在送走客户的时候顺势将那包东西放进了自己的口袋。同事回来后，示意黎笑不要将这件事张扬出去，因为这在公司是明令禁止的。

周末和康爽在一起的时候，康爽突然问黎笑，公司是不是有同事收了贿赂，原来康爽看见那个同事紧紧张张地从办公室出来。黎笑起初并不想说，毕竟公司有明文规定，私下收取客户礼金一经发现绝对是要开除的，而且自己也答应了对方不说出去。可是康爽不依不饶，继续深究，黎笑忍受不了好姐妹的软磨硬泡，终于松了口，把同事收红包的事全都说了出来。最后，她反复对康爽强调不要将此事告诉别人。

可是第二天一上班，那个同事就被老板叫进了办公室。原来康爽为了获得经理的信赖与提拔，把黎笑说的话全部告诉了经理。那个同事临走前，恶狠狠地对黎笑说了一句：“你真是一个卑鄙小人。”

古语有云：“逢人且说三分话，未可全抛一片心。”这的确是为人处世的金玉良言。人性是复杂的，特别是刚刚接触到的新朋友，你对他更是没有深刻的了解。如果他像上面故事中的康爽一样，哪一天为了自己的利益把你的真言“交付”出去，到时你就有苦难言了。

常言道：“相识满天下，知心能几人。”人生在世，能交上一个知心朋友，确实不容易，往往要经过多种考验、多方面了解之后才能确定。“路遥知马力，日久见人心”说的就是这个道理。

对于慎言，孔子也曾说过：“不得其人而言，谓之失言。”如果连对方的底细都没有弄清楚，就对他畅所欲言，甚至把自己或他人的一些重要事情全部抖搂出来，那么只会让对方觉得你不值得信任。试问，谁会与一个不能保守秘密的人深交呢？一般来说，一个世故老练之人是绝不会和自己初识不久的人“畅所欲言”的，或许在你眼中这样的人狡猾、不真诚，但这正是人最基本的自我保护。

请谨记：说话对人，交浅不言深，如果你将真心托于心怀不轨者，那么最后吃亏的肯定是你。

如水之交，再深的友情也有距离

友情就像弹簧，要保持适度的距离。只有经过适度的拉伸和压缩，才会使之保持永久的弹性。

什么样的朋友才算是真正的好朋友？有人说，称兄道弟，不分彼此者，就算是真正的好朋友；也有人说，每分钟都在一起，亲密得像一个人似的，就算是真正的好朋友。不难看出，在大多数人心中，好朋友就是要关系紧密地黏在一起。对此，庄子则给出了一种完全相反的答案，他说：“君子之交淡如水。”

人生路上，每个人都会遇到这样或那样的困难和挫折，每当这时，我们都希望能有朋友伸出援手。人生在世，丢不开的情谊是友情，离不开的人是朋友。“朋友”二字，看上去很美，寓意也颇为深刻。首先，“朋”字两个“月”，不相干涉，却很近，意指保持合理交往的距离和空间，彼此都会很舒服；其次，两个“月”不分主次，一样高，意指不论身份高低，朋友间都是相互平等、相敬如宾的；最后，“月”内无复杂机窍，仅两直横而已，意指彼此坦诚相待，真诚豁达。再看这个“友”字，乍看上去“友”字好像勾肩搭背，实则搭配疏落有致，上有覆盖之形，下有支撑之架，最后一笔更为巧妙，延伸至远处，寓意自然就是即便身在远处，友谊也常在。可见，正如庄子所说，朋友之间根本不需要黏在一起。

《世说新语》中记载着这样一则故事：

山涛和嵇康一见面，彼此就意气相投成了好朋友，他们后来还被世人列入“竹林七贤”之中。山涛升迁时，推荐好友嵇康到洛阳接任礼部侍郎一职。然而嵇康不但不领情，还为此写了一篇《与山巨源绝交书》（山涛，字巨源），以此批评山涛枉为朋友，不知自己志愿，并列举种种不出仕的理由，称自己“志气所托，不可夺也”。最后他还在信中宣称要与山涛“以为别”——断交。

这篇书信的内容流传开来，嵇康因在书信中展示了自己的高风亮节而名声大振，但山涛却名声扫地。山涛并没有因此而恼怒，只是在这件事后，两个人就不再见面了，不过彼此依然关注着对方。

后来，嵇康因触怒权贵，被下狱处死。临死前，嵇康对儿子嵇绍说：“巨源在，汝不孤矣。”嵇康在最后一刻把自己的孩子托付给了山涛，可见他是多么信任山涛，他们的友情又是何等深厚！嵇康被杀后，山涛对他十岁的儿子嵇绍照顾有加。在嵇绍成年后，山涛还举荐他担任秘书丞。就这样，“鹤立鸡群”的嵇绍出仕了。后来，嵇绍也成了名垂青史的忠臣义士。

朋友之间保持距离，绝不会给彼此的心灵造成屏障。古语有云：“海内存知己，天涯若比邻。”物理距离也好，心理距离也罢，绝不是情感的距离，只要心是近的，友情就不会疏远。距离阻隔不了真正的友情，只会使友情变得更加浓厚，更加值得期待和回味。就像故事中的山涛和嵇康一样，看似不亲密，看似无友谊，却比跟任何人的情谊都深。

朋友，需用心去经营，需有一定的艺术性。朋友之间需要保持一定的距离。无论是怎样的朋友，无论关系多么密切，距离都是非常重要的。

冬雪和莉莉大学毕业后同在一家报社做实习编辑，她们虽然毕业于不同的大学，但相同的境遇使她们很快就成了亲密无间的好朋友。可是突然有一段时间，冬雪发现，莉莉看自己的眼神总是怪怪的，而且对自己也不像从前那样热情了。冬雪很纳闷，自己与莉莉之间并没有发生什么矛盾啊。后来，冬雪离开了那家报社，到另一家文化公司上班了。出乎她意料的是，莉莉第一个打电话向她表示祝贺。冬雪满心疑惑地问莉莉，为什么之前对自己冷淡。莉莉把缘由告诉了她。原来冬雪曾经编辑过一份评论中国大学排名的稿子，里面有很多贬低莉莉大学的话语，莉莉无意间在冬雪的 U 盘中看到了这篇稿子，当时正是确定谁能留在报社的关键时期，莉莉怀疑冬雪在背地里使阴招，通过评论大学排名来暗示自己不如冬雪，所以才对冬雪不理不睬，但冬雪后来的离开证明了是莉莉多心了，于是心有愧疚的莉莉才给冬雪打电话致歉。冬雪听后，完全愣住了，她从来没想到自己的好友曾经会这样想自己。后来，虽然两人的误会解除了，但她们似乎陌生起来，再也找不到昔日的友谊了。

通常情况下，矛盾往往都是在彼此过分熟悉中产生的，上面的故事也证明了这一点。如果冬雪能多一点儿隐私，不轻易将自己的 U 盘借给莉莉，那么后来也不会被莉莉误会。所以，适当的距离不仅是必要的，还是必需的。从某种意义上说，有一定距离的友谊，才可能长期地保鲜；有一定距离的友谊，才可能长期地亲密。

俗话说：距离产生美。皮筋只有拉长后，才会有绷紧的张力；弦弓只有拉长后，才会有冲射的力量；而情感也只有拉长后，才会有接近的愿望。并非越亲近就越能证明友谊、就越能巩固友谊。正如两只相互取暖的刺猬，靠得太近反而会刺伤对方，只有保持适当的距离，才能让彼此都不受伤害、都感受温暖。这种在“亲密无间”中保持距离，或许就是对朋友间距离最好的诠释。亲密并非无间，再深的友情也要有距离。

自信者不疑人，人亦信之

“福莫福于少事，祸莫祸于多心。”最大的幸福就是没有太多要操心的事情，最大的不幸就是整天疑神疑鬼，劳神费思。无论在工作还是在生活中，多疑都是导致人际关系不和谐的罪魁祸首。同时，很多时候你怀疑别人，也是对自己没有足够信心的表现。

人际交往的基础，是信任。如果没有相互之间的信任做基础，关系便不可能良性发展。那么，如何才能取得别人的信任呢？首先，需要自信。你的自信，也会向对方传达一个良好的信号，让人觉得你这人比较靠谱，从而很愿意跟你交往。其次，要少猜疑。猜疑，往往会让彼此之间没有安全感。你怀疑别人，别人自然也不会相信你，这样一来，就容易形成一种恶性循环，最终关系破裂，甚至反目成仇。

有一位德高望重的医生给一个病人诊病时，对这个病人讲，我现在需要给你打麻醉针。病人听了，赶忙把自己的钱包拿出来。医生很奇怪，便说道：“钱不着急付，你还是准备好，让我给你打麻醉针吧！”病人说，“哦，尊敬的医生，我知道什么时候该付钱。这个时候拿出钱包，我只是想确认一下自己打麻醉针之前钱包里有多少钱！”医生听了，哭笑不得。

其实，这个病人显然太多疑了，对别人不够信任。这位德高望重的医生，不可能去偷这个病人的钱。病人对他的怀疑，恰恰从侧面反映出他的不自信。社会险恶，有的人居心叵测，勾心斗角。我们身处其中，凡事谨慎，提防被别有用心的人利用，是很有必要的。然而，也要把握一个尺度，否则就是庸人自扰了。

“自信者不疑人，人亦信之。”这句话就是说，自信的人不怀疑别人，别人也会信任他。反之，“自疑者不信人，人亦疑之”。怀疑自己的人，对别人不够信任，别人也会怀疑他。俗话说，疑心生暗鬼。有时候，多疑可能让原本子虚乌有的事情成真，本来非常顺利的事情生出风波。

有一对男女，相恋两年结为连理。丈夫是一个疑心病很重的人，他非常不自信。所以，结婚之后，他经常怀疑自己的老婆不忠。妻子单位里的男同事，都成了丈夫猜疑的对象。甚至偷看妻子的短信以及网上的聊天记录。遇到一些不太明朗的对话，他就大发脾气，对妻子横加指责。丈夫的态度让妻子非常困扰，正常工作和生活都受到了严重影响。

终于，两年之后，妻子不堪重负，提出了离婚。丈夫这时候才追悔莫及，然而已经没用了。妻子原本温柔娴淑，持家有道，而且非常爱自己的丈夫。然而，丈夫的疑心病一再疏远了两人的关系，伤透了妻子的心。

多疑可以使得原本简单明了的事情，变得越来越复杂。原本脉络清晰，多疑会凭空增添枝节，最终让事情变得一团糟。处理人际关系的时候，也是一样。如果你总是怀疑别人，别人自然也会觉得你这个人不可靠。因为，怀疑别人恰恰反映出你的不自信。“世间本无事，庸人自扰之。”烦恼往往就是从“庸人自扰”中衍生出来的，如果能够一开始就抱定多一事不如少一事的心态，事情自然就会简单许多。

世事往往就是那么微妙，人与人之间的关系也是如此。原本简单的事情，因为疑心，可能造成不可收拾的局面；原本和谐的关系，因为疑心，可能导致反目成仇。人一生的友情、爱情和亲情最为珍贵，若是多疑，很可能让“亲者痛，仇者快”，这样的结局是聪明人不愿意承受的。

多疑其实是一种不健康的心理状态，需要及时调整，才不至于影响自己的工作和生活。曹操一生英雄，然而却因为多疑，做了许多错事。所以青史虽留名，却落得“乱世奸雄”之名。我们普通人也是一样，琐事缠身时，须明白“多事不如少事”；平心静气地思考问题，才能明白多疑是最大的灾祸。

安分守己，跳出是非漩涡

不要参与办公室里的是是非非，不要加入任何“帮派”，不要议论和公司有关的任何事情。满意也好，不满意也好，在各种利益冲突面前超脱一点儿，安分守己，做好自己的本职工作。

职场就是江湖，这里有各式各样的人，有各种各样的小团体。有人的地方就有纷争，所以这里永远都避免不了利益之争，永远都充斥着纷繁复杂的是是非非。只要你身处职场，就不可避免地要面对种种是非。

职场中，什么事一旦牵扯到利益，就会产生纠纷，比如谁跟谁不合、谁跟谁私底下说过什么。虽然很多时候你并不是这些是非的主角，但往往在不知不觉中可能就以配角的身份参与其中。然而不论是是非中的主角还是配角，参与到职场是非中终究是一件危险的事情。所以，怎样处理职场是非对每一个人来说是非常重要的一课。

可凡平时是一个少言寡语的人，经过五年职场的磨砺，他更显成熟稳重。或许这样的人身上天生就带有一种让人信任的气场，公司里的同事经常找他说八卦。比如前段时间，公司刚招来一个叫何宇的小姑娘，虽然她刚来不久，但已在公司红透半边天了。因为她来的第一天就和公司的陈婷掐了起来。陈婷算是公司的老员工了，不仅长得漂亮，能力也很强，可惜工作三年，依旧是个小职员。不过陈婷自己倒是无所谓的样子，似乎对升职没什么兴趣。此外，陈婷平时很少与人交流，对谁都一副冷冷淡淡的样子，大家都不太喜欢她。

那天陈婷上班快迟到了，由于进门时太着急，不小心踩了何宇一脚。本来这是件小事，说句“对不起”就过去了，而陈婷似乎并不在意，径直往前走。何宇刚毕业不久，易冲动，再加上平时就看不惯陈婷那副高高在上的样子，开口就是一句：“你没长眼睛啊！”陈婷听到这句话，一扭头，接上一句：“你有病啊！？”两人一来二去吵了起来。同事们似乎觉得这是场好戏，谁都不做声，直到经理来了才平息下来。

本以为事情就这样过去了，结果第二天，何宇神神秘秘地跑来对可凡说：“哥，你知道陈婷是个什么人吗？”何宇的座位离可凡不远，她平时有什么事情都喜欢跑来问可凡，所以两人算比较熟。可凡根本不熟悉陈婷，不知道该如何评价，回答道：“不是很熟，不太清楚。”何宇继续说道：“我听说啊，她之所以这么高傲，是因为她跟老总有暧昧。”可凡一听，吓了一大跳。这样的话题实在不好接口，而且他也不想参与此事，于是借故离开，不再讨论。

第二天，可凡一上班就发现办公室里的人都凑在一起讲什么，等到陈婷进来的时候，大家都不约而同地将目光投向了她。午休时，可凡隐约听到何宇和几个男同事说，早上有人看见陈婷从老总车里下来。几天后，何宇被公司开除了，走的还有一位同事。据说是主管找他聊了一下，他就主动辞职了。

这件事过了很久，一次可凡跟主管出去喝酒，主管喝得多了一点儿，拍着可凡的肩膀说："还是你比较稳重，何宇那丫头居然乱传老总的花边新闻，搞得办公室乌烟瘴气的，我看就你没掺和。陈婷是老总哥们儿的老婆，他们住同一个小区，那天她车坏了，老总就顺路载了她。陈婷是富家太太，在咱们这里就是混点儿时间。何宇惹谁不好，却招惹陈婷，当然是不会有好果子吃的。还有辞职那小子，本来老总很看好他，想提拔他，没想到他也跟着何宇瞎起哄，升职变辞职……"对于这番酒后言论，可凡当然也是听过就算了，要是再被谁知道了，估计下一个请辞的就是他了。

面对同事间的是是非非，聪明的可凡把自己置身事外，不参与，不评论，最终处于不败之地。其实，无论是在人前还是人后，议论同事、说同事坏话都会在无形中给自己树敌。好事不出门，坏事传千里。只要是人，就有好奇心，一个控制不住，一句闲话就变成了一传十、十传百的非议。因此，在办公室里说一个人的坏话是很容易被当事人听到的，可以说，办公室中大多数的祸端都是由此发生的。

职场中，每个人身上或多或少都会有一些八卦新闻，当有人跟你议论起什么人、什么事时，你最好不要妄加评论，把自己排除于是非圈外。因为你不清楚他们背后有着怎样的背景和关系，就好像上面故事中的陈婷，看上去不起眼，甚至还有些令人生厌，但是她却和老板有着密切的关系。正如主管对可凡所说"招惹她，是不会有好果子吃的"。

职场是非多，若想不惹祸，就请管好你的嘴，做好本分事，只有这样，才能让自己远离是非的漩涡。

第11章

别相信“零和博弈”，双赢才是硬道理

社会这个“江湖”变幻莫测，要想单独一个人获胜，概率可以说是微乎其微。我们必须告别单枪匹马的时代，走出小我，寻求互利双赢，那么你的力量才会变大，成功的距离也会越来越近。

双赢是人际交往的最高境界

拥有双赢智慧的人，会把生活、工作看成合作的舞台，而不是角逐的竞技场；拥有双赢智慧的人，会把所有人都当作合作的伙伴，而不是对立的敌人。

有这样一个故事：

一个农夫从外地带回一种小麦良种，种植后产量大增。农夫喜出望外，因为他成了村里人眼中的种田能手。但是没过多久，他变得忧心忡忡起来，因为他害怕别人偷了他的良种，偷去他的那份骄傲。于是他想尽办法做好保密工作，拒绝村民换小麦种子的请求，一个人享受着丰收的喜悦。

好景不长，到了第三年的时候，农夫发现他的良种居然不良了，变得跟普通的麦子一样。又过了几年，农夫的麦子甚至连普通的麦子也不如了，产量锐减，虫害增加，农夫因此蒙受了巨大的损失。农夫心有不甘，带着自己的良种跑到省城请教农科院的专家。专家听了他的经历之后告诉他，因为良种周围都是普通的麦田，麦子通过花粉的相互传播，就这样在传播中发生了变异，品质必然下降。如果当年能将良种分享给大家，就不会有今天的结果了。

农夫的故事给了我们什么启示呢？那就是要学会双赢。

人际交往分为六种模式：利人利己，损人利己，舍己为人，两败俱伤，独善其身，好聚好散。其中，“利人利己”模式就是我们所说的双赢，双赢的结果是所有人都非常乐意接受。但对于大多数人来说，做事时似乎更倾向于故事中农夫采用的“损人利己”或“独善其身”的模式，注重维护自己的利益。

俗话说得好：“一个篱笆三个桩，一个好汉三个帮。”聪明的人在发现有利可图时，做的第一件事往往就是向周围人发出“这里钱多，大家一起来赚”的信息。其实，看似很多人来分一杯羹，实际上在无形之中为自己争取到了更多的价值。如果上面故事中的农夫能够走出小我，寻求互利，那么他会获得更多成功的喜悦和荣耀。双赢不是什么技巧，而是人际交往的哲学，是能给双方带来最大利益的智慧。

当年乔丹在球场上可谓无人能敌，但他还是选择与人合作，因为他知道那样会让自己变得更强。

乔丹在公牛队的时候，皮蓬是公认的最有希望超越乔丹的新秀。皮蓬时常会对乔丹流露出不屑一顾的神情，还经常对队员说乔丹的球技在某些方面不如自己、自己早晚有一天会取代乔丹等诸如此类的话。当然，对于皮蓬的威胁，乔丹也深有感触，不过他并没有因自己在队中的地位而排挤皮蓬，反而对皮蓬多加鼓励，希望两个人可以愉快地合作。

有一天，乔丹问皮蓬：“你说，咱们两个谁的三分球投得好？”皮蓬有些不高兴，回答道：“明知故问，当然是你了。”乔丹笑着摇了摇头，说：“错！是你！我观察过你，你投三分球时动作规范流畅，我觉得你很有天赋，以后定是篮球巨星。”皮蓬没想到乔丹会如此高看自己，于是态度变得认真严肃起来。乔丹继续说道：“其实，我投三分球时有很多弱点。我扣篮多用右手，习惯性地会用左手帮一下，而你左右手都行。”皮蓬瞪大了双眼，惊讶万分，因为这一细节连他自己都不知道，他开始为乔丹的友好和无私而感动。

从那以后，皮蓬和乔丹在生活中成了最好的朋友，在球场上也是合作最默契的伙伴。后来，皮蓬成了公牛队史上17场比赛得分首次超过乔丹的队员。可以说，乔丹的无私品质为公牛队注入了强大的凝聚力，使公牛队创造了一个又一个神话！

曾有人将人际交往中的“两败俱伤”和“利人利己”模式做了这样一个生动的比喻：一般人获得成功的做法如同打麻将，看住上家，防着对家，扣住下家，结果我做不成，你也和不了；成功商人的做法则如同下围棋，你占我这个点，我就占那个点，你卖汽车，我就开旅馆，大家在竞争中合作，在合作中互利互惠。拥有双赢智慧的人，会把生活、工作看成合作的舞台，而不是角逐的竞技场；拥有双赢智慧的人，会把所有人都当作合作的伙伴，而不是对立的敌人。上面故事中的乔丹与皮蓬既是对手又是合作伙伴，他们的“强强联合”令双方都从中受益，尤其是乔丹，将原来对他有敌对情绪的皮蓬轻松地变为自己的朋友。

石油大王洛克菲勒曾说过：“我获得成功的奥秘，在于有一大批人在工作中真诚地合作。”的确，众人拾柴火焰高，人与人之间需要的是相互依赖、相互扶持、相互协作。任何人都不喜欢与自私自利的人打交道，唯有利人利己的双赢模式才是人际交往制胜的法宝。

走自己的路，也听听别人怎么说

走自己的路，也听听别人怎么说，尤其是长者的建议，即使他说得未必对，也未必跟你自身的情况相符，但是参考一下过来人的意见，毕竟是有益而无害的。

意大利文艺复兴时期的伟大诗人但丁说过这样一句话：“走自己的路，让别人去说吧！”很多人，都很欣赏这句豪言壮语，将其作为自己的座右铭。的确，它能够给予人们坚定的信心和巨大的力量。然而，这句话虽豪迈洒脱、力量无穷，却要一分为二地理解。如果自己是对的，坚持走自己的路当然无可厚非，但对于大多数年轻人来说，本来就涉世未深，认识和经验都很有限，那么一味自我坚持未必就是好事。

有一个瞎子，经过一条干涸了的小溪时，不慎失足掉落桥下，所幸他双手及时抓住了桥旁的横木。瞎子大呼“救命”，正逢有路人经过，路人喊道：“不要怕，尽管放手，底下便是地面。”瞎子不信，紧抱横木，仍大哭大喊。直到力气用尽，失手掉在地面后，他才相信路人说的话——桥下真的没有水。

正是由于瞎子盲目地坚持，才无端受了更多的惊吓和辛苦。当下，许多固执己见、独断专行的人也常常像过河的瞎子，不肯听取别人的意见，总是要在吃过一些亏后，才能学乖一些。

罗斯福总统曾对公众说过这样一句话：“如果我的判断有 75% 是正确的，那么我的行事便会到达更高的期望。”这样一个伟人都承认自己在判断上最高只有 75% 的正确率，那你又当如何呢？所谓忠言逆耳，智者择其善言而从之，别人的意见和看法对你未必没有益处。如果在做事之前，能多听听别人的建议，那么你可能会少走很多弯路，少受很多挫折。

黄恒大学毕业后进入通讯公司工作，由于工作能力出众，很快他就做到主管一职。后来，他还参加了单位为培养人才而设立的“考研直通车”活动。参加培训不久，黄恒身上就表现出了许多刚毕业大学生身上普遍存在的问题：浮躁、偏激、做事没标准、对企业管理模式不认可等。最后在定岗测评中，黄恒被降级为普通文员，同时考研资格也被取消。当时，黄恒的心情可想而知：委屈、失望、不被理解……各种负面情绪在黄恒心里翻腾。跟他一起被降级的还有 5 个人，其中两个在降级后的第四天就递交了辞职信。

黄恒十分犹豫，他想自己是否还要在这里继续做下去。黄恒连续几天因去留问题而愁眉不展，一点儿工作的心思都没有。对桌的王姐看出了黄恒的心思，对他说：“走到今天这一步，你自己应该好好反思一下问题究竟出在哪儿，其实你没有必要离开，你的工作能力还是深受领导认可的。只要改正自身问题，你定有很好的发展。”黄恒细想一下，自己以前的思考和做事方式的确存在问题。在王姐的鼓励下，黄恒重新振作，很快调整了心态，在接下来的工作中更加积极努力。

当黄恒文员测评合格后，公司为了更加深入地测评他的表现，以便让他重新获得“考研直通车”的资格，就在没有讲明原因的情况下，通知他暂时停止手头的工作，以观察他的表现。这一次，对于公司这样的安排，黄恒不再抱怨，只是默默地做事。他帮老员工整理资料、输入文件，他教新员工如何做报表、如何记录数据等。他力所能及地帮助大家做事，获得同事们的高度赞扬，也获得了领导的认可，最终获得企管中心主管一职，并且重新获得了考研资格，而在当初 6 个被降级的人中，黄恒是唯一留下来的人。

试想一下，如果故事中的黄恒在降级后依然固执地坚持自己的想法，认为自己是对的，是公司在压制自己，不从自己身上找原因，听不进别人的意见，甚至向上级递交辞职信，那么他今天就根本不可能获得领导的认可，也不可能获得如此良好的发展机会。

一个人有坚定的信念，充分相信自己，不在乎别人说三道四，无疑是一件好事，但是这绝不意味着无论做什么事都可以独断专行，都可以自以为是。那些把自己看得很重，不能接纳别人意见的人，在职场中往往走得更累；相反，那些能够打开心扉听取别人的意见并积极改进的人，往往轻松自在，且飞得更高、更远。

走自己的路没错，但有时也要放慢脚步，听听别人怎么说。

不吃独食，给别人点儿甜头

在职场中，无论是大功劳还是不足挂齿的小赞许，在接受奖励或荣耀的时候，千万别忘了给自己的同事也记上一“功”。

我们经常听到这样一句颇具义气的话——有福同享，有难同当，在职场中，这也是一句良言。

齐琳在一家商贸公司工作，她是个聪明伶俐的女孩，在这家公司工作不到一年就受到老板的赏识和重用。为了更加突出地表现自己，齐琳尽可能地将公司安排的工作做到最好。

有一次，公司让她两天内制作出一份详细的季度生产报告。本来这是一件很容易的事，但由于齐琳在上司面前只注重表现自己，从来没有将同事们的表现给予汇报，令她的同事们都很不满。于是同事们决定利用这次机会，联合起来不协助齐琳。当齐琳需要一些数据时，同事们就说正在整理；当齐琳需要一些文件时，同事们就说正在找。直到下班时间，同事们的数据也没有整理好，文件也没有找到。此时，齐琳明显感觉到同事们的用意，也深感自己过去做得不对。齐琳买来糕点，向大家做了检讨，并对他们说："只有团队合作才能一荣俱荣，我希望大家能够齐心协力帮助我完成这项工作。"同事们看到齐琳能够真诚地道歉，而且说得也很有道理，就伸出援手，自愿加班一起完成了报告。

事后，当齐琳向老板汇报工作时，她特意赞扬了同事们，而上司对齐琳这一举动也大为赞赏，第二天上司还在会上赞扬了所有人。看到同事们满意的笑容，齐琳明白了有福同享的重要性，在以后的工作中也懂得了如何与同事们和谐相处和相互协作。就这样，在大家齐心合力的努力下，齐琳所在部门的工作效率和工作质量都不断提高，年底时还获得公司"先进集体"的称号，这让齐琳备感自豪。

从齐琳的经历中我们能够看出，她前后两种不同的态度给她带来了两种不同的结果。但凡成功的人都清楚，如果一个人独占了整个功劳和荣耀，那么下次，别人很难再会为你提供"免费"的合作。

当你在工作上取得一些成绩时，不要认为所有的功劳都是你自己的。一般来说，你获得的这些成绩往往是集体的功劳，你不可把功劳据为己有，否则别人会觉得你好大喜功，抢占众人的功劳。即便某项成绩确实是你通过个人的努力取得的，那也应该保持谦逊的姿态，千万别得意忘形、居功自傲。因为你的得意忘形、你的傲慢，一方面可能会伤害他人的自尊心；另一方面有些害"红眼病"的人说不定以后会找你麻烦，给你穿小鞋。

我们在各种各样的颁奖礼上，总会听到这样的获奖感言："感谢我的领导，感谢我的团队，感谢 ×× 人……"或许在你眼中这些话大多是客套话，甚至有虚伪的成分，但这些看上去可有可无的感谢话却是非常必要的。因为职场潜规则告诉我们，荣耀不能独享，功劳不能独占，也要让别人尝点儿甜头。如果有一天你得到了荣耀，若想让这份荣耀给你带来更多的帮助和利益，必须要做到以下三件事：

第一，感谢。不要认为都是自己的功劳，要感谢同人的协助，尤其要感谢上司，感谢他对你的提拔和指导。

第二，分享。如果你的荣耀是众人合力完成的，那么你更不应该忘记与众人分享。众人并不是非要和你分这一杯羹，但你的主动分享会让他们感受到你的尊重和大度。

第三，谦卑。人一旦有了荣耀，往往就容易开始自我膨胀。你的膨胀只会让你在今后的工作中不断地碰钉子，所以，无论你的光环多么耀眼，你都要学会低头做人。

智者，永远不会独享荣耀、独占功劳。因为你的荣耀可能会掩盖别人的光辉，你的功劳可能会抹杀别人的劳动，令其产生一种不安全感，而感谢、分享、谦卑的行为和态度就等于给他们吃下了一颗定心丸，进而让你获得他们的认同和协助。

习惯吃独食的人，总有一天会自食苦果。当你在工作上有特别表现而受到别人的肯定和赞扬时，千万别“吃独食”，否则这份荣耀、这份功劳可能会给你今后的工作造成阻碍。

有自己的“节拍”，也要与团队“合拍”

每个人都有自己的想法、做事风格、做事节奏，但在职场中，光有自己的“节拍”显然不够，还必须能与团队“合拍”才行。

一个瞎子和一个跛子被大火围困在一个房间里。瞎子因看不见，只能在大火中乱撞，跛子因腿脚不便，眼看着大门却只能坐以待毙，最后两个人被活活烧死。试想，如果瞎子和跛子能够相互利用对方的长处，协同合作，便能逃离险境。

不要去嘲笑瞎子和跛子的愚昧，因为你在工作中有时可能也是那个特立独行、不善合作、唯我独尊的“瞎子”和“跛子”。

一家大型公司招聘高层管理人员，9名优秀的应聘者从二百多名应征者中脱颖而出，进入最后一轮的选拔。

最后的选择是由老板亲自把关的。老板把这9个人随机分为甲、乙、丙三组，指定甲组人去调查婴幼儿用品市场，乙组人去调查成年人用品市场，丙组人去调查老年人用品市场。老板对三组人说：“唯有对市场具有敏锐的观察力者才能胜任市场开发部高管的职位，现在我把你们分成了三组，希望你们能够相互合作，全力以赴。”然后他又让秘书把相关资料分给各组，以免盲目调查。

三天后，9个人将各自的市场分析报告递交到老板手中。老板看过之后，站起身来，走向丙组的三个人，分别与之握手，并祝贺道：“恭喜三位，你们被录取了！”看着大伙儿疑惑的表情，老板解释说：“现在请各位找出我前几天给你们的资料，相互传看一下。”原来，秘书分发给每个人的资料都不一样，甲组的三个人得到的分别是本市婴幼儿用品市场过去、现在和将来的市场分析，其他两组也都类似。其中，只有丙组的人相互借用对方的资料，补齐了各自资料的不足，而甲、乙两组的人都各自行事，抛开队友，自己做自己的，所做的市场分析报告都不够全面。老板最后说："其实我出这样一个考题，不是要看你们的分析能力，而是要考察一下各位的团队意识，看看大家是否善于在工作中合作。要知道，团队意识才是现代企业成功的保障！”

不可否认，每个人都有自己的想法、做事风格、做事节奏，但在职场中，光有自己的“节拍”显然不够，还必须能与团队“合拍”才行。这就好比合唱，只有大家的节拍一致，才能产生优美和谐的旋律，如果各唱各的调，那么结果可想而知。

此外，金无足赤，人无完人。世界上任何一个人，无论他知识多么渊博，能力多么强大，他在工作中都不可能事事精通、独当一面，他都需要与团队里的人一同合作以弥补自身的不足。正如故事中丙组的三个人，经过共同努力和合作，才做出了最完美的报告，从而获得了老板的赏识。

初入职场的年轻人若想在工作中站稳脚跟并有所发展，就要在参加工作的第一天开始，尝试融入团队，完成从“个体”到“团队”意识的转换。也就是说，不能像以往那样凡事都以自己为中心，想做什么就做什么，想怎么干就怎么干，而必须时刻提醒自己只是团队中的一分子，凡事都要更多地围绕团队来思考。

那么，与团队“合拍”主要表现在哪些方面呢？具体来说，包括以下四个方面：第一，和团队的利益合拍。工作不比上学，职场是追求效益的地方。如果谁都不顾公司的利益，什么都不当回事，那么公司如何正常运转？第二，与团队的核心理念合拍。这点对于身处职场的人来说至关重要。如果连团队的核心理念都不知道或不认同，并总是要按自己的那一套行事，那么你在哪个地方都不可能获得长久的发展。第三，与团队的要求和标准合拍。每个团队对员工都有自己的要求和标准。初到一个团队时，你要做到这些可能有些费劲儿，但你要尽量去适应。因为没有一个老板会允许自己的员工永远达不到公司的标准和要求。第四，与团队人合拍。世界上任何一项事业的成功都离不开团队的精诚合作。只强调自己“节拍”的人，往往会与团队格格不入。一个不懂得与团队“合拍”的人，很难获得成功。

团队是一个有机的、协调的并且有章可循的整体。这个整体的能力并不等于它所有成员能力的简单算术和，而是一种不论在数量上还是在质量上都远远超出每个成员原有能力的新力量。而与团队“合拍”的意义在于使我们自己受益的同时也让别人受益，而那些只顾自己“节拍”，不想让别人受益的人，自己也很难从中得益。最后，希望每一个人都能懂得“节拍”对自己、对别人乃至整个团队的意义，并学会与团队“合拍”。

与其拆台，不如把对手变成帮手

无谓的竞争必然导致无谓的结局。商场上的厮杀尽管非常激烈，但毕竟不同于战场，把对手击败是战争的最高目的，而在看重利益的商场，合作往往比恶性竞争更有利可图。

美国商界有句名言：“如果你不能战胜对手，那就加入他们中间去。”现代社会的竞争不再是“你死我活”的模式，而是更高层次的竞争与合作。现代人追求的也不再是“单赢”，而是互惠互利的“共赢”。

比尔·盖茨的成功源于很多因素，包括他对商机的把握，他卓越的设计能力，其中还包括他对其对手所采取的态度。下面就让我们来看看发生在他身上的两个故事：

美国的 Real Networks 公司向美国联邦法院提起诉讼，指控微软公司违反垄断法，要求索赔 10 亿美元。但在官司还没有结束的情况下，Real Networks 公司的首席执行官格拉塞却致电微软公司总裁比尔·盖茨，希望他们可以获得微软的技术支持，使自己的音乐文件能够在网络和便携设备上播放。当时所有的人都认为比尔·盖茨一定会坚决拒绝，但出人意料的是，比尔·盖茨对格拉塞的提议表现出出奇的欢迎，他通过微软的发言人表示，如果 Real Networks 公司真的想要整合软件的话，他很有兴趣合作。

众所周知，微软和苹果两大公司自 20 世纪 80 年代起就一直处于竞争状态，比尔·盖茨和乔布斯为争夺个人计算机这一新兴市场的控制权展开了激烈的竞争。到了 20 世纪 90 年代中期，微软公司明显占据了领先优势，并占领了大约 90% 的市场份额。与此同时，苹果公司则陷入举步维艰的境地。让所有人大跌眼镜的是，1997 年，比尔·盖茨向苹果公司投资 1.5 亿美元，把苹果公司从倒闭的边缘拉了回来。在 2000 年，微软又为苹果公司推出 Office2001。自此，微软与苹果实现了真正意义上的双赢，两者的关系进入一个新纪元。

面对对手，要不屈不挠、咬紧牙关、永不退缩……这似乎是所有人的共识。然而明智的比尔·盖茨却选择了另一种方式：与其拆台，不如把对手变成自己的帮手。

在大多数人的认识中，竞争的双方永远是利益对立的冤家对头，因此竞争就意味着“你死我活”，竞争就意味着不能有合作。其实，换一种思路来看，情况并不一定是这样的。正如枝头上诱人的果子，无论树下的人争得如何激烈，如果够不到，依旧是无法摘得。倘若大家相互配合，相互搀扶，那么果子便能手到擒来，而且还有可能摘到更高枝头上的更加美味的果子。这就是与对手合作的好处。

与比尔·盖茨相比，约翰·列侬似乎更有远见，他在对手还未与其形成对手之前，就把对方变成了自己的帮手。

1957 年，当时还默默无名的约翰·列侬在一次小型演出中认识了 15 岁的保罗·麦卡特尼。在约翰演出结束后，保罗就在一旁批评约翰唱得不对，吉他也弹得不好。对此约翰很不服气，于是保罗就用左手弹了一段漂亮的吉他，向约翰展示自己的天才。保罗不仅弹得非常好，而且还能记住所有的歌词，这让约翰大为惊讶。这时，约翰心中萌生了这样一个想法：与其让这小子将来成为自己的敌人，不如现在就邀他合作。就这样，20 世纪最成功的音乐搭档诞生了——约翰和保罗携手合作，组建了“披头士”乐队。后来，这支乐队风靡全球，成了历史上影响最为深远的乐队。

一个能成为竞争对手的人，一定能对我们构成威胁，同时这也说明他是具有一定实力的。与这样的人结合，就是所谓的“强强联合”，其结果必然是双方受益。显然约翰·列侬就认清了这一点，从而成就了自己的音乐梦想。

世界上没有永远的朋友，也没有永远的敌人。这蕴涵哲理的名言揭示了竞争与合作的辩证关系——竞争不排斥合作。团结就是力量，联合就有优势。希望所有的人能够明智地处理竞争与合作的关系，在积极竞争的同时，发扬团结协作精神，从而品尝到最高枝头上的最美味的果子。

利益可以两全，别信奉“零和博弈”

人与人之间的争斗大都起因于利益。如果你信奉“零和博弈”，把他人的得益视之为你的损失，进而从中作梗，希望利益能够归属于自己，那么，最后的结果往往是两败俱伤。

在《伊索寓言》中有这样一则小故事：

一天夜里，狐狸来到了水井边，俯身看到井底水面上的月亮。饿得发昏的狐狸认为这是一张大烙饼，于是一脚跨进吊桶，下到了井底，同时与之相连的另一只吊桶升到了井口。下到井底后，狐狸才意识到这张“大烙饼”是吃不得的，自己犯了致命的错误，处境十分不利，似乎只能等死了。这时，狐狸只期望会有另一个饥饿的替死鬼来打这张“大烙饼”的主意，从而把自己从井下窘迫的境地换出来。

可是一天一夜过去了，始终没有动物走近水井。正当狐狸绝望之际，一只口渴的灰熊途经此地。狐狸喜上眉梢，它热情地对灰熊打招呼：“喂，朋友，我免费招待你一顿晚餐，你觉得怎么样？”看到灰熊流口水的样子，狐狸暗自窃喜，指着井底的月亮说：“你看这个大烙饼，我自己也吃不完，不如你站到桶里下到井底来，我们一起吃吧。”狐狸眉飞色舞地编织着谎话，这只灰熊果然中了它的圈套，跨进了桶里。灰熊的体重足够把狐狸升到井口，于是这只被困的狐狸得救了。

故事中狐狸和灰熊所进行的博弈，我们称为零和博弈。零和博弈是在社会竞争中常见的一种博弈，可以说，它是一种完全对抗、激烈竞争的对局。零和博弈是指博弈中的各方在激烈的竞争下，一方的收益必然意味着另一方的损失，博弈各方的收益和损失相加总和为“零”，双方不存在任何的合作。换句话说，自己的收益是建立在他人的损失之上的。

职场如战场，人与人之间的争斗大都起因于利益。如果你信奉“零和博弈”，把他人的得益视之为你的损失，进而从中作梗，希望利益能够归属于自己，那么，最后的结果往往是两败俱伤。其实在今天，现实生活中很少会出现类似狐狸和灰熊这种“有你没我”的局面，而且更重要的是，“利己”不一定要建立在“损人”的基础上。

1904 年夏天，在美国圣路易斯举行的世界博览会期间，有一个制作薄饼的小商贩把自己的薄饼手推车推到了会展中心附近。值得庆幸的是，政府允许他在会场附近贩卖他的薄饼，但遗憾的是，由于烈日当空，他的薄饼不能引起游人们的兴趣。在薄饼摊旁边有一个兜售冰激凌的小摊，与他的情况刚好相反，冰激凌卖得非常快，摊主忙得不亦乐乎。不一会儿，盛冰激凌的杯碟用完了。匆忙之际，心胸宽广的薄饼摊商贩将自己的薄饼卷成锥形，给冰激凌摊主当碟子用。结果冷的冰激凌和热的薄饼巧妙地结合在一起，受到大家广泛的欢迎，还被誉为“世界博览会的真正明星”，这就是今天风靡全球的蛋筒冰激凌的由来。

在当今社会，共赢的观念正在逐渐取代“零和博弈”的观念。毕竟一个人的影响力有限，能调动的资源也很有限，若想有长远的发展，获取更大的利益，那么就要学会优势互补，善于与别人合作。而且唯有通过有效的合作，充分照顾到合作者的利益，各方才能互利互惠，达到皆大欢喜的共赢局面。正如两个小商贩无意的合作，成就了风靡世界的经典，当然同时也成全了自己的腰包。

一个人的力量是渺小的，一个人的才智也是不全面的，而聪明之人往往善于与他人合作，善于借助他人的力量实现共赢。总之，请不要被“零和博弈”的理论所蒙蔽，利益有时可以两全。

第12章

戴上“傻人”面具，大愚者最容易生存

看透而不说透，知根却不亮底。退可独善其身，进可兼济天下。大智若愚的人，大智在内，若愚在外，将才华隐藏得很深，往往给人留下普普通通的印象，实际上，他们用的是心功。

只做“傻中精”，不做“精中傻”

英国19世纪政治家查士德斐尔爵士曾说过：“要比别人聪明，但不要告诉人家你比他更聪明。”

职场中有这样一种奇怪的现象，越是有本事的人，往往越低调，看上去就像什么都不会一样；而那些看上去精明无比，经常鼓吹自己无所不能的人，一到关键时刻就腿软，往往什么都做不好。其实，前一种人看似愚钝，实际上却是心明眼亮；后一种人表面上精明灵巧，骨子里却很糊涂。前一种人可谓“傻中精”，后一种人则是“精中傻”。显然，“傻中精”是真正的精明，“精中傻”往往是真正的愚钝。

有一位老板，带着自己三个得力的部下去打高尔夫。前两个部下先打，但他们表现得十分差劲。第一位的球只打出了二十多米，第二位更为离谱，把球打到了水塘里。老板拿起杆问第三位部下：“你能把球打到对面的那座斜坡上吗？”这位部下目测了一下，大约有80米的距离，他胸有成竹地回答说：“当然能！”然后他啪的一杆，球就飞出了一道优美的弧线，足足有100米远，完成得十分出色。当他得意扬扬地回头看老板时，老板却是一副苦瓜脸。

其实，第三位部下根本不理解老板的弦外之音。这种场合，是让老板满足虚荣心、展示领导权威的机会，他却卖弄聪明，以为凭借自己的技艺可以在老板面前讨个头彩，留下个好印象，进而为今后在公司的发展增加筹码，不料无意间驳了老板的面子。与其说他要小聪明，倒不如说他蠢笨如牛。在这种场合，越卖力表现自己的才能，就越会让自己陷入不利之境。

真正精明的人不会把“精明”写在脸上，真正聪明的人也不会把自己的“聪明”告诉人家。智者的智慧只有在关键时刻才会表现出来，这时的智慧往往最有爆发力，最能引起众人关注，也最能给人留下深刻印象。

人生在世，最重要的是安身立命，平安地度过一生。如果连性命都丢了，那么理想和抱负也将成为泡影。聪明的刘备适时地放下身段，认清形势，假装愚钝，逃避了迫害，如此后来才有机会三分天下，刘备可谓是“傻中精”的典范。

心事宜明是做人的准则，而才华须韬则是做事的准则。英国 19 世纪政治家查士德斐尔爵士说：“要比别人聪明，但不要告诉人家你比他更聪明。”这个社会向来不乏精明之人，但是“傻中精”还是“精中傻”却大为不同，真正聪明的人从不炫耀才华，只有蠢材才经常卖弄学问。

糊涂一张脸，聪明一颗心

糊涂是一种气度，一种修养，一种智慧。世上的许多人、许多事，根本没有必要搞得那么清楚，得过且过，难得糊涂，才是智者的处世之道。

世人都想做聪明人，而不愿沦为糊涂人，于是往往千方百计地向人展现自己的聪明。殊不知，很多时候糊涂才是智者的一种生存方式。聪明过了头往往会招致不必要的麻烦，所谓“聪明反被聪明误”说的就是这个道理。古语有云：“聪明难，糊涂更难。”可见，聪明是一门学问，而糊涂却是一门比聪明更为高深的学问。

三国时期，可谓是一个英雄辈出的时代，无数文臣武将都在这段历史上留下浓墨重彩的一笔，而在众多的文臣武将中，不得不提一下真正的智者——司马懿。司马懿本是一个绝顶聪明、老谋深算的人，却总是喜欢佯装糊涂。当年在五丈原，就是凭借着“糊涂”的功夫，拖垮了老对手诸葛亮，居功至伟，权倾朝野。但也正因功高盖主，免不了惹来朝廷的猜疑和同僚们的忌妒。身处险境时，司马懿又开始装糊涂，以病重为由长期在家休养，给人一种行将就木的假象。当然，他的政敌并没有轻信，派出一个手下以探病为由，刺探司马懿是真病还是假病。既然如此，司马懿干脆顺水推舟、将计就计，装出一副病入膏肓、日薄西山的模样。司马懿精湛的演技，果然把来人蒙骗过去，回去向上面禀告说司马懿病情严重，将不久于世。就这样，他的敌人放松了对他的警惕。与此同时，司马懿暗中广招人才、培植羽翼，并神不知鬼不觉地安排自己的两个儿子掌握了禁军的兵权。后来，他找准时机，发动了“高平陵之变”，将曹家军一网打尽。至此，魏国就被司马懿牢牢控制在手中。

做人难，人难做，这一切往往都离不开“聪明”与“糊涂”的关系。糊涂是一种人生境界，是一种为人之道，是似糊涂而非真糊涂，是似愚笨而非真愚笨，大智若愚者才有大智慧。正如故事中的司马懿通过收敛自己的锋芒、隐藏自己的才华、迷惑了政敌，让对方认为自己毫无威胁，并放下了对自己的戒备和迫害之心，而后他暗度陈仓，伺机而动，最后取得了胜利。

锋芒毕露满足的只是人一时的虚荣之心，并且在得意之时就可能为自己埋下隐患。然而，适时地装傻却能让事情有着不一样的发展轨迹。

一天，王梅和刘丽一同去拜访一位老教授。老教授为人耿直、严肃，平时不苟言笑。三个人坐了半天，除了开头说了几句应酬话，剩下的只是令人尴尬的沉默。这时王梅看到老教授家养着热带鱼，其中几条更是色彩斑斓，游起来让人眼花缭乱，这让王梅兴奋不已。一旁的刘丽很是纳闷，王梅明明在自己家里见过这种鱼，并且自己也曾向其介绍过它的名称、产地以及习性，为什么现在她会有这样的表现？老教授见王梅神情专注的样子，笑问道：“好看吗？最近才买的，你们以前见过吗？”刘丽刚想开口说见过，王梅却抢先说：“还真没见过，它叫什么名字？哪天我也去买一条养！”老教授一听，来了兴致，神采飞扬地大谈起养鱼经，王梅频频点头，听得极为认真。老教授似乎遇到了知音，与王梅说说笑笑，如数家珍地给她讲解每条鱼的来历、名称、特征，然后又请王梅到书房看他手机里的各种名贵鱼的照片，气氛顿时活跃了起来……至此，刘丽明白了聪明的王梅装糊涂的真正用意。

有些人表面上看起来很糊涂，但他们心中绝对能看清形势。正如王梅明明认识老教授所养的鱼，却装傻充愣，不过也正因此才打开了老教授的话匣子，缓解了紧张的气氛。试想，如果刘丽说出自己见过的话，那么接下来三个人或许依旧在那里面面相觑，不知说些什么好。

“水至清则无鱼，人至察则无徒。”这句话绝非是文人凭空臆造，而是智者对纷纭经世的总结。生活中，你若凡事都斤斤计较、凡事都要弄个清清楚楚、明明白白，那么长此以往，只会令自己疲惫不堪。世间万物并非如溪水般清澈见底，人之见地亦不可能完全统一，待人、遇事有时不得不“糊涂”一些。

糊涂是一种气度，是一种修养，一种智慧。人们都喜欢与简单、老实的人交往，因为与这样的人交往会使人备感轻松，不用耗费心机、防范戒备。回想在日常生活中，但凡大受欢迎之人无不是糊涂在脸上、智慧在心中。只有愚人才将聪明表露在外，而“糊涂一张脸，聪明一颗心”才是智者的处世之道。

刚刚踏入社会，让人一步又何妨

一朝之念不能忍，斗胜争强祸不少。忍气不下心病生，终生将你苦缠绕。让人一步又何妨，量大福大无烦恼。

宽容忍让，自古以来就是中国人的传统美德。正如俗语所说“得饶人处且饶人”“退一步海阔天空”等，均是这种美德的体现。然而，在当今社会竞争意识的猛烈冲击下，中国人传统的忍让哲学受到了前所未有的考验。

人和人之间相处，难免会产生一些摩擦和磕磕碰碰，自己的自尊心和切身利益也难免会在无意或有意间受到他人的伤害，而此时持什么态度，则反映出一个人的品德修养和胸怀肚量。

韩明通过层层选拔，终于得到了一个自己满意的职位。一天，公司洗手间的马桶坏了，因为韩明是公司里的小字辈，又是新来的员工，于是他义不容辞地帮忙修理，同事们都对勤快的韩明竖起了大拇指。可是，这个马桶老出问题，韩明一次次地修理，修到最后韩明也有点儿不耐烦了，索性就不再理会。然而同事们却总会大喊：“韩明，马桶坏了，你赶快去修一下呀！”“韩明，怎么搞的，马桶坏了你也不去修？”时间长了，韩明觉得自己委屈至极，难道自己是来公司修马桶的吗？

有一天，同事又喊韩明去修马桶，韩明积压在心中的怒火突然爆发出来，一边将手中的笔狠狠地摔在桌子上，一边愤愤地朝喊他的同事说道：“我不是马桶修理工，以后别再叫我修马桶！”韩明的激烈反应让同事们有点儿措手不及，对他的热心肠的印象顿时荡然无存。在这之后，韩明虽然感受到同事们对自己多了几分“敬畏”，但同时也感到同事们与自己的距离越来越远。

其实，即使韩明修理马桶，同事们也不会轻视他，反倒是他对委屈的发泄，让同事们瞧不起。同事们频繁叫韩明修理马桶似乎只是一种习惯罢了，韩明根本不需要心存芥蒂。此外，韩明还踩踏了职场的雷区，即肆无忌惮地向同事发泄委屈。同事之间不比家人和朋友，关系复杂，言辞上稍有得罪就可能为自己今后的工作带来麻烦。试想，如果韩明能够适时地忍让，就不会给同事们留下一个小肚鸡肠的印象，也不会遭到同事们的排斥。

下面我们再来看看另一位职场新人的故事：

付研是公司新聘任的总经理秘书，这天，付研去总经理那儿取文件。“总经理，您好，昨天我交给您的文件签字了吗？”付研小心地询问道。“什么文件？我怎么没有看见，你这个秘书是怎么当的……”可能此时总经理心情不好，把付研数落了一顿。付研心中嘀咕：“我把文件交给您的时候，副总也在，我们都看见您将文件放在桌子上了。”付研本想把这话说出来的，但她还是硬生生地吞回肚子里。她平静地对总经理说：“对不起，我现在回去找找那份文件。”于是，付研回到自己的办公室，把电脑中的文件重新调出来再次打印。当付研再把文件放到总经理的面前时，总经理连看都没看就签了字。

付研是在总经理的身边干得最长久的一位秘书，公司里的人都觉得付研很能干。其实，付研要是忍受不了委屈，非要事事和总经理辩个清楚、论个高下，可能早就离开公司了。

让步是一种智慧，屈服是一种手段。世上之事，没必要都争个水落石出。如果你分毫不让，一味地据理力争的话，那么即使占了上风，也不算是真正的冠军，起码你缺乏那份宽容的气魄。而且人的一生会遇到很多事，不可能每次都占据上风，总有不得不让步、不得不屈服的时候。在这一点上，故事中的付研就是智慧的。

人在社会中，注定要学会忍受、学会退让。有时候，能不能获得生存的砝码，全在一个人的态度上。让步与屈服并非就是妥协，因为人生不可能永远都执著，过分的执著必定会使人走进死胡同。从一定意义上说，不懂得退让，也就难以进步。

一个人的机智，不在于能否在争斗中获胜，而在于能否化干戈为玉帛。宽容忍让，正是要避免与他人发生不必要的冲突。让步并不代表无能，妥协并不代表懦弱，这更是一种风度、智慧和胸襟。一个强者，要强在心里，而不是外表，有时一次小小的让步就能给你带来人生的机遇。

做事要高调，做人要低调

花要半开，酒要半醉。低调做人，你会一次比一次稳健；高调做事，你会一次比一次优秀。

人的一生中，立身根基不外乎以下两件：一是做人，一是做事。做人之难，是难于在躁动的情绪和强烈的欲望中稳定自己的心态；成事之难，是难于从纷乱的矛盾和利益的交织中理出头绪。而最能完善自己、发展自己和成就自己的处世之道便是高调做事，低调做人。

高调做事是一种做事的尺度。高调做事不仅能激发人的志气和潜能，还能提升做人的品质和层次。高调做事不等于“我尽自己最大努力”去做事，而是向既定目标的拼搏。一个人只有有了目标，才能全身心地投入，才能更容易取得成功。而低调做人则是一种姿态、一种风度、一种修养、一种智慧、一种谋略、一种胸襟。低调就是放低姿态，用平和的心来看待世间的一切。古语有云：“曲高者，和必寡；木秀于林，风必摧之；人浮于众，众必毁之。”可见，低调之人，更容易被世人所接受，也不会成为众矢之的。此外，低调之人大都拥有一颗平凡朴素的心，因此不易被外界所左右，凡事都能够冷静面对，而这正是一个人成就大事的基本前提。

低调做人，无论在官场上，还是在商场上，都是一种进可攻、退可守，看似平淡、实则高深莫测的处世谋略。它给人的感觉是不知进取、软弱无能，却能使人放弃戒备心理。

古往今来，有很多人都是因为太爱炫耀自己的才华，目空一切，最终树大招风而惹祸上身的。《三国演义》中的杨修就是其中的一个。文学才子杨修当时在曹操手下做主簿，聪慧过人、思维敏捷，深受曹操喜爱。因七步成诗而闻名于世的曹植曾是杨修的学生，不难看出，杨修的文学天赋非同一般，史书上也把杨修称为“三国时期第一聪明人”。然而，杨修却不懂得低调做人的道理。他虽才华横溢，却总仗着自己才华出众而不把别人放在眼里，经常会做诗讽刺他人，有时甚至连曹操的面子都不给，时常自作聪明地向周围人解释曹操的意图，最终惹怒了曹操，以扰乱军心的罪名把他处以死刑。

不懂得低调做人的道理，有再多的才华又有什么用？只能落得一个可悲的下场。“杨修死得有点儿不值，但是一点儿都不冤”，这是后人对杨修可悲命运的评论。其实以杨修的才学和智慧，本可以给后人留下更多的诗赋，在中国古代文坛上占有一席之地，但事与愿违，这都是他目空一切的后果。

低调做人，隐藏的是真实的才华、声望、智谋，甚至野心。这种甘当弱者、隐藏锋芒、以低调示人的做人之术，才是精于谋略、善于攻心的真正智者。

一次，前外贸部副部长龙永图在候机室里候机时，突然听见候机室门外传来一阵嘈杂的声音。原来是一位县委书记出国考察，下属的三四十号人都争先恐后地前来送行。后来，龙永图在与朋友谈起此事时，感触颇深地评价道："这就是角色、意识的错位，错得实在是离谱。"

不久，龙永图到意大利参加一个国际性会议，对会场的布置颇为惊讶，因为会场上没有豪华的摆设，没设嘉宾席和领导席，并且摆放的都是一样的普通长凳。与会者都是国际经济界有头有脸的人物，他们没有对朴素的会场表现出丝毫不满，按照先来后到的顺序随意就座。龙永图也在一条长凳上坐了下来，随后走过来一位老太太，对他礼貌地点点头打招呼，然后很自然地坐到他旁边。趁会议还没开始的空档，老太太与龙永图闲聊了一会儿。

轻松的谈话氛围，让龙永图忘记了询问这位老太太的身份。直到会议结束后，他才想起向会议的组织者打听："刚才坐在我身边的那位长者是谁？"组织者感到十分惊讶，反问龙永图："你真的不知道吗？"龙永图回答说："不认识。"对方笑了笑，说："她是荷兰女王啊！"龙永图震惊了，嘴里连连说道："真难以想象！"对于这次会议，龙永图同样深有感触："她哪像女王啊？女王也是角色、意识的错位，然而她错得让人可亲可敬！"

低调、谦逊是使人终生受益的美德。一个人只有高调做事、低调做人，才能积蓄力量，避免给别人造成浮夸的印象。同时，低调做人也是高调做事的前提条件、为人处世的黄金法则。只有懂得了这个道理，才有可能迈向成功。

低调做人，高调做事，是一门精深的学问，也是一门高深的艺术。如果能遵循此理，便能收获广阔的天地，成就一份完美的事业，更重要的是，还能为自己赢得一个丰富、充实的人生。

做人要中庸，做事要一流

程子曰：“不偏之谓中，不易之谓庸。”所谓做人要中庸，就是为人处世要不偏不倚，同时又能容忍别人的不足，有海涵别人的强大内心。做事要一流，就是做事时，要一开始就给自己定下比较高的标准，力求做到最好。

“中庸”是论语中出现频率比较高的词汇。孔子如此强调“中庸之道”，恰恰可以体现其重要性。所谓“中”，是指我们待人接物要不偏不倚，恰到好处；所谓“庸”，是指我们要有一颗容人之心，能够听得进别人的不同意见，忍得了别人的无理纠缠。日常生活中，有人汲汲于物欲，有人则过分刻苦自励；有人挥金如土，有人则是一毛不拔，这都不是正确的生活之道。就像人的一只手，始终紧握拳头是畸形，只张不合也是畸形，一定要拳掌转换自如，这才是正常人的手。所以，凡事要适可而止，要不偏不倚，这就是中庸之道。中庸是古人做人的最高行为准则，正如于丹所言，中庸也就是哲学上讲的那个“度”。

其实，做人是一件既简单又复杂的事情。之所以说它简单，是因为如何做人、如何与人相处是没有“理想”模式的，无论是王公贵族，还是平民百姓，进入社会之后，最先要学的便是做人；说它复杂是因为，如何做人牵涉甚广。既要从根本上确立自己的准则，又需要根据外界环境，不断对自己的行为准则进行微调，以适应这个社会，适应自己的生活圈子。最简单的事情，往往也是最难做到最好的。做人也是一样的道理，人人都会做人，然而与此同时，人人又都需要学做人。

朋友在一起闲聊时，经常说起："做生意在于做人，人做得好，生意自然就做得好！"然而，如何做人才算做得好呢？我们不难发现，生意做得好的人永远是少数。这也能够从侧面反映出，做人确实不是一件容易的事。我认为做人首要的原则就是，要恪守中庸之道。只要我们做人恪守中庸之道，就不会偏激，让不良情绪蒙蔽理智，我们的人际关系就会非常融洽，朋友就会越来越多，人脉关系质量也会显著提升。这个世界之所以丰富多彩正是因为有各种不同的事物，有各具特色的人。做人恪守中庸之道，就能够接受不同的人或事，就能忍受各种不同的人和事。观察人或事会更加系统，更加全面，得出的结论才会更接近真理。中庸之道之所以能够历经几千年的传承，依旧熠熠生辉，也从侧面体现出这种为人处世哲学的价值。

所谓"做事要一流"，就是指在做事时不能对自己放松要求，凡事要争取做到最好。"低调做人，高调做事"是为人处世的不变真理。孔子说："取乎其上，得乎其中；取乎其中，得乎其下；取乎其下，则无所得矣。"意思就是说，若是你一开始的目标是一流，得到的只能是中流；如果一开始的目标是中流，得到的仅仅是末流；如果你一开始设定的目标是末流，那么结果就是你什么也得不到。人生存在这个社会中，其存在价值是通过做事体现出来的。追求做事一流，是对自己的严格要求，也是对自己的人生负责任的表现。

当今社会，很多人做事浮躁、马虎，在单位上班也是得过且过，一天一天地都是在混日子，敷衍了事、抱着"当一天和尚，撞一天钟"的懈怠心理。这种心理状态，如何能够将工作做到一流呢？还有些人做事不怎么样，反而一味地追名逐利，不惜用各种卑鄙的手段提升自己的社会地位，凡此种种不一而足。在这样的大环境下，提出“做事要一流”是十分有必要的。人人都是“主观为自己，客观为别人”。做事一流，首先能够为你带来实实在在的经济效益。与此同时，你又能够得到别人的赏识，赢得别人的尊重。一举两得，何乐而不为呢？

真正的聪明人都懂得，做人和做事绝对不能混为一谈，一定要区别对待。我们如果能够在日常工作和生活中，注重提升自己的整体素质，不偏激、不妒忌，凡事以理性思考为基础，何愁不能实现做人和做事的双丰收！

低头示弱，为的是以后成功

常言道：“韬光养晦，厚积而薄发。”唯有学会低头示弱，遮蔽锋芒，养精蓄锐，蓄势待发，方可成就辉煌人生！

在日常生活中，人们常用“毫不示弱”来形容一个人的勇敢。然而时时处处不示弱的人往往只能逞一时之威风而难以成为最终的胜者，反倒是那些凡事忍让，不逞能、不占先、心境平和、宽容之人能笑到最后，成为最终的胜利者。

枪打出头鸟。高傲自大、锋芒毕露的人在社会中往往备受攻击，难以立足；而善于低头示弱的人往往能存活下来。古往今来这样的例子举不胜举：强悍英武、飞扬跋扈的项羽，兵败垓下，落得自刎于乌江的下场；而善于示弱的刘邦，却可以一统江山，坐拥天下，成为一代帝王。

还有居功自傲的韩信，因功高盖主，引致杀身之祸；而与他同朝的萧何，却懂得处处掩其锋芒，不仅赢得朝野的一致好评，还确保了自己的地位和平安。可见，低头示弱才是一个人安身立命之良策。

被称为“美国人精神之父”的富兰克林，年轻时曾去拜访一位德高望重的老前辈。那时的他，年轻气盛，高傲无比。当他挺胸抬头迈着大步进门时，他的头狠狠地撞在门框上，疼得他一边不住地用手揉搓，一边目光凶狠地看着比他的身高矮一大截的门。出来迎接他的前辈看到他的样子，笑着说：“很痛吧！可是，这将是你今天访问我的最大收获。一个人要想平安无事地活在世上，就必须时刻记着低头。”这句话令富兰克林对自己的人生有了新的认识，从此，“记得低头”就成了富兰克林的座右铭。富兰克林从当印刷工人开始，走过一段艰辛的谋生之路，他虚心好学，坚忍不拔，并总以一种低姿态示人，最终得到人们的认可，成为杰出的科学家和政治活动家，一生更是做了许多对社会有益的事情。

低头示弱是一种生存智慧，又是一种获取成功的手段。特别对于强者来说，示弱不但不会降低自己的身份，反而能帮助他赢得别人的尊重，并给人留下和蔼、谦虚、心胸宽广、平易近人的印象。

景洪和朴雨作为 ×× 大学市场营销系的优秀学生进入同一家公司。二人口才出众，头脑灵活，工作能力强，公司很欣赏二人的才华，视为重点培养对象。

景洪为人争强好胜，爱表现自己，对于资深同事的一些市场经验和思路往往不予认同，总是喜欢发表自己不一样的见解。此外，她自视甚高，不但听不进领导和同事的建议，对一些市场的细节工作更是不屑一顾。久而久之，同事们都不愿意跟景洪打交道，一些重要的市场活动和策划也不让她参与。后来她所在部门领导找人事部协商，以团队精神不佳为由，试用期没有结束就终止了她的合同。

我们再来看看朴雨。朴雨为人开朗，乐于助人，在做好本职工作的同时，常常帮助领导和同事们处理一些烦琐的细节问题，比如收发传真、电话确认，甚至还帮助加班的同事订晚餐。遇到重要的市场活动时，朴雨每次都会向关系不错的老员工请教，满口“师傅”“师兄”“师姐”，让人听着满心欢喜。因此同事们都很喜欢朴雨，并且乐意带她参加各种活动和会议。在众多前辈的提携下，朴雨进步很快，工作仅仅两个月就可以独立策划和执行一些常规活动，所以她得以提前转正。

这是很常见的新人入职场案例，两位同样优秀的人才有着迥异的结果。其实，二人的区别不是知识或技能的差异，也并非是个性和团队融入问题，而是后者比前者更懂得“低头示弱”的处世技巧。此外，工作之余力所能及地为他人付出一些，更是被视为乐于助人、有团队合作精神的表现，而团队合作精神恰是任何职位都需要的一项素质。所以，大多数同事都不会拒绝一个好学、嘴甜、手快的朴雨，而且还会帮助她顺利融入团队。

有句俗话说得好：“低头的是稻穗，昂头的是稗子。”越成熟越饱满的稻穗，头垂得越低；只有那些稗子，才会显摆招摇，始终把头抬得很高。要想进入一扇门，就必须让自己的头比门框更矮；要想登上成功的顶峰，就要学会低头示弱的处世哲学！

世事认真便是假，友情不密反成疏

清代名士郑板桥曾经说过："聪明难，糊涂尤难，由聪明而转入糊涂更难。放一着，退一步，当下心安，非图后来之福报也。"意思是说，有时候处世过于认真，反而收不到最佳效果；朋友感情要常常维持，方能亲密不疏远。

国学大师南怀瑾曾经说过，"有些地方我们不妨马虎一点"，就是说，为人处世不能过于认真。我们都知道，过于认真的人往往容易走进"死胡同"，给人留下固执、死板甚至苛刻的印象。做人切忌"一条道走到黑，一个理儿认到底"。天底下没有过不去的坎儿，没有解决不了的问题。有时候，遇到难题时，不妨换个角度去思考，换种方式去处理，往往能够收到奇效。

待人接物太认真的人，人生观往往过于绝对，不对即错，而且还会把这种态度认为是坚持原则。这样的人，往往难以接受那些黑和白之间的"灰色区域"。然而，世事就是那么复杂多变，没有永恒的真理，也没有绝对的标准。大部分情况，是处于黑和白之间，即"灰色领域"内。试想，如果拒绝接受"灰色区域"这种世事的常态，又如何能够成功?

另外，过于认真的人往往容易保守。正如南怀瑾所说："越保守的人越有自己的范围，结果变成固执，变成粘胶一样，自己不得解脱，被它胶住了，就是佛家所讲的执著。"只有放下心中的执念，才能拓展自己的心灵空间，让内心变得强大。

过于认真的人，在这方面的表现就更加明显。如果能够培养新感情，放下偏执，凡事公正、公开，就不会过于认真了。处世丁是丁卯是卯固然没错，然而有时候也不要过于认真。很多时候，过于认真，往往会适得其反。遇到比较棘手难办的事时，不妨换一个角度去处理。因为这种情形下，认真往往反成“假”。

李凌有个大学同学叫王庆，两个人在大学期间关系非常要好，用其他同学的话来说，就是好得跟一个人似的。

毕业之后，李凌进了当地的一家贸易公司，工作不久便得到领导的重用，破格擢升为部门经理，可谓年轻有为。而王庆因为大三末期对于工作还是继续读书犹豫不决，最终两件事都没弄好。考研差了 10 分，没能进入复试；因为很多时间用在考研上，王庆也没有认真找工作。所以，毕业的时候，匆忙把自己“卖”给了一家小公司，工作上很不顺心。因此，自从工作之后，王庆每次跟李凌见面，都觉得自己好像低一等似的。渐渐地，王庆就开始自觉地疏远李凌了。李凌没有关注王庆的心理变化，所以跟王庆开玩笑什么的，还跟以前一样，毫无顾忌。然而，王庆有好几次真的生气了，两人再也不像以前那样亲密无间了。

有一次，王庆因为一点小事跟李凌翻脸，两人从那之后竟谁也没有主动联系对方，也没有道歉的意思。后来，每到同学聚会，两人必定不会同时出现。

原本关系亲密，友情深厚的两个人为何最终形同陌路，甚至比陌生人的关系还不如呢？究其原因，两人没有注重沟通，没有及时消除阻碍友情发展的心理障碍。最终，才造成了无法挽回的局面。

“假作真时真亦假，无为有处有还无。”我们都知道物极必反的道理，真假、有无以及祸福到了一定程度都会向相反的方向转化。所以，我们说为人处世不能太认真，以免弄巧成拙；友情要常常维护常常更新，否则很容易使得亲密无间的友情变得越来越疏远，直到形同陌路。

既然“世事认真便是假”，我们就要懂得处世不要太认真，可以从以下几个方面着手。

一、转换思维方式。遇到问题，如果一时解决不了，不妨换一种思维方式，从而避免固执己见，不让负面情绪蒙蔽自己的理性判断。二、改变习惯。有些人对某些不好的习惯习以为常，而对别人不管不顾。这样很容易得罪人，所以要多加注意，慢慢求变。三、修正理想。理想是现实的催化剂，时代在变化，环境在变化，人心也要随之转变。理想要符合实际，才值得坚持。四、培养新感情。人们都有感情，然而感情是最容易导致自私、执著的。处世过于认真的人，在这方面的表现就更加明显。如果能够培养新感情，放下偏执，凡事公正、公开，就不会过于认真了。